天下之治亂，不在一姓之興亡，而在萬民之憂樂

打開傳說中的書
About ClassicsNow.net

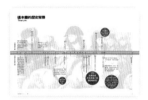

關鍵時間、人物、地點,在書前有簡明要點。

大約一百年前,甘地在非洲當律師。有天,他要搭長途火車,朋友在月台上送了他一本書。火車抵站的時候,他讀完了那本書,知道自己的未來從此不同。因為,「我決心根據這本書的理念,改變我的人生。」

日後,甘地被稱為印度聖雄的一些基本理念與信仰,都可溯源到這本書*。

◎

閱讀,可以有許多收穫與快樂。

其中最神奇的是,如果我們有幸遇上一本充滿魔力的書,就會跨進一個自己原先無從遭遇的世界,見識到超出想像之外的天地與人物。於是,我們對人生、對未來的認知與準備,截然改觀。

「1.0」:以跨越文字、繪畫、攝影、圖表的多元角度,破解經典的神秘符號。

◎

充滿這種魔力的書很多。流傳久遠的,就有了「經典」的稱呼。

稱之為「經典」,原是讚嘆與敬意。偏偏,敬意也容易轉變為敬畏。因此,不論中外,提到「經典」會敬而遠之,是人性之常。

還不只如此。這些魔力之書的內容,包括其時間與空間的背景、作者與相關人物的關係、遣詞用字的意涵,隨著物換星移,也可能會越來越神秘,難以為後人所理解。

於是,「經典」很容易就成為「傳說中的書」——人人久聞其名,卻沒有機會也不知如何打開的書。

「2.0」:以圖像來重現原典,或者重新做創作性的詮釋。

我們讓傳說中的書隨風而逝，作者固然遺憾，損失的還是我們。

每一部經典，都是作者夢想之作的實現；每一部經典，都可以召喚起讀者內心的另一個夢想。

讓經典塵封，其實是在封閉我們自己的世界和天地。

◎

何不換個方法面對經典？何不讓經典還原其魔力之書的本來面目？

這就是我們的想法。

因此，我們先請一個人，就他的角度，介紹他看到這部經典的魔力何在。

再來，我們以跨越文字、繪畫、攝影、圖表的多元角度，來打開困鎖住魔力之書的種種神秘符號。

然後，為了使現代讀者不會在時間和心力上感受到太大壓力，我們挑選經典原著最核心、最關鍵的篇章，希望讀者直接面對魔力之書的原始精髓。此外，還有一個網站，提供相關內容的整合、影音資料、延伸閱讀，以及讀者互動的可能。

因為這是從多元角度來體驗經典，所以我們稱之為《經典3.0》。

◎

最後，我們邀請的就是讀者，您了。

您要做的唯一的事情，就是對這些魔力之書的光環不要感到壓力，而是好奇。

您會發現：打開傳說中的書，原來就是打開自己的夢想與未來。

「3.0」：經典原著中，最關鍵與最核心的篇章選讀。

ClassicsNow.net網站，提供相關影音資料及延伸閱讀，以及讀者的互動。

*那本書是英國作家與思想家羅斯金（John Ruskin）寫的《給未來者言》（*Unto This Last*）。

經典3.0
ClassicsNow.net

可以三代以下有亂無治

明夷待訪錄

Waiting for the Dawn: A Plan for the Prince

黃宗羲 原著

王汎森 導讀

何季澄 2.0繪圖

他們這麼說這本書
What They Say

插畫：丁辰

知天下之未嘗無人
百王之弊可以復起
而三代之盛
可以徐還

顧炎武

📅 1613～1682

💬 明末清初的思想家，代表作品為《日知錄》。他給予《明夷待訪錄》極高評價，認為：「大著《明夷待訪錄》讀之再三，於是知天下之未嘗無人，百王之弊可以復起，而三代之盛可以徐還」。

譚嗣同

📅 1865～1898

💬 清末百日維新著名人物，維新四公子之一。他極為推崇《明夷待訪錄》，並說：「孔教亡而三代以下無可讀之書矣！乃若區玉檢於塵編，拾火齊於瓦礫，以冀萬一有當於孔教者，則黃梨洲《明夷待訪錄》，其庶幾乎！其次為王船山之遺書。皆於君民之際，有隱恫焉」。

乃若區玉檢於塵編
拾火齊於瓦礫

刺激青年最有力
之興奮劑

梁啟超

📅 1873～1929

💬 中國近代思想家、戊戌變法領袖。在《黃梨洲緒論》中他說：「中國一梨洲出，而二百年來，曾無第二之梨洲其人者。」而在《中國近三百年學術史》中稱讚《明夷待訪錄》：「在我們當學生時，實為刺激青年最有力之興奮劑。」說明了這本書對清末憲政革命有著重要的影響。

梨洲大發
《明夷待訪錄》
本朝一人而已
梨洲為本朝之宗

康有為

 1858 ～ 1927

💬 清末知名學者,所領導的「戊戌維新」
也深受《明夷待訪錄》的思想影響。他
高度讚美黃宗羲,認為:「梨洲大發《明
夷待訪錄》,本朝一人而已。梨洲為本
朝之宗」。

許多震人心弦的思想
是黃宗羲從其復國
的艱難辛苦中
得出的道理

王汎森

📅 1958 ～

💬 這本書的導讀者王汎森,中央研究院院士、歷史語言
研究所特聘研究員,著有《章太炎的思想》等書。他
認為:「《明夷待訪錄》是一部奇書,其中有許多震人
心弦的思想,是作者黃宗羲從其復國的艱難辛苦中得
出的道理。」

你

📅 ?

💬 在二十一世紀此刻的你,讀
了這本書又有什麼話要說
呢?請到ClassicsNow.net上發
表你的讀後感想,並參考我
們的「夢想實現」計畫。

你要說些什麼?

3

和作者相關的一些人
Related People

插畫：丁辰

劉宗周

黃宗羲

💬 **1610～1695**
出生於浙江餘姚，世稱「南雷先生」、梨洲先生。曾力抗閹黨，為父申冤，並成為「復社」領導人之一，後遭阮大鋮報復而入獄；他也曾組「世忠營」反清復明，並且渡海至舟山持續抗清。在復明無望之後，他拒絕入京修史的邀請，潛心講學、著述，不僅《明夷待訪錄》、《明儒學案》聞名，更開創清初「浙東學派」，影響後世深遠。

💬 **1578～1645**
出生於浙江，字起東，號念臺，世稱蕺山先生。明末著名理學家，是黃宗羲的老師，亦為「浙東學派」的重要代表人物之一。其著作豐富，後人輯錄為《劉子全書》四十卷與《劉子全書遺編》二十四卷。

阮大鋮

💬 **1587～1646**
字集之，為明末清初政治人物，亦是戲曲作家，善於詩詞。他依附魏忠賢，攻擊東林黨，黃宗羲等人因而著《留都防亂公揭》迫其離開南京。日後他挾怨報復，迫害「復社」人士，黃宗羲因而入獄、逃亡。

王夫之

🗨 1619 ～ 1692

湖南衡陽人，字而農，號薑齋，世稱「船山先生」，為傑出的文學家、哲學家，和顧炎武、黃宗羲並稱明末清初三大思想家。他的著作數量眾多，後人輯為《船山遺書全集》，學者章太炎亦盛讚「當清之季，卓然能興起頑懦，以成光復之績者，獨賴而農一家而已」。

康熙

🗨 1654 ～ 1722

名玄燁，為清聖祖，史稱康熙皇帝，為中國歷史上在位時間最久的皇帝。他重視漢族文化、崇尚儒學，即位後兩度召黃宗羲入京主持修史，而黃堅持不就。《康熙字典》、《古今圖書集成》、《康熙皇輿全覽圖》等書皆是康熙在位期間出版，他同時也鑽研西方文化，向西方傳教士學習西方科技文明、代數等知識。

全祖望

🗨 1705 ～ 1755

浙江人，字紹衣，號謝山，世稱「謝山先生」，為清朝史學家、文學家，乾隆元年進士，但之後回鄉專心著述。他在思想上受黃宗羲與萬斯同的影響，自稱為梨洲私淑弟子，在作品上不僅重視史料校訂以外，亦撰寫不少知名碑銘如《梨洲先生神道碑文》。

這本書的歷史背景
Timeline

中國地區大事

1581 張居正推行「一條鞭法」，改革賦役制度，提出「厚農而資商」，肯定商業的作用，日後商人地位逐漸提高

1583 耶穌會傳教士利瑪竇抵中國，傳播天主教與西方文明

1596 明神宗貪婪無度，派遣礦使稅監至各地開礦徵稅，造成民窮財盡，導致日後民變四起

1604 萬曆三十二年，顧憲成創建東林書院，後稱「東林黨」

1616 努爾哈赤建立後金

1624 魏忠賢開始大規模迫害東林黨人士並拆毀書院

1626 努爾哈赤戰死，皇太極繼位

1636 皇太極改國號為清

1644 李自成陷北京，明思宗自縊。吳三桂引清兵入山海關，明亡。福王即位於南京，是為南明

明

中國以外地區大事

1600 英國成立東印度公司，從事東印度地區的商業事務與相關事務

1602 荷蘭成立東印度公司，簡稱VOC，與英國東印度公司相互競爭

1603 日本德川幕府開始，又稱「江戶時代」

1620 清教徒乘「五月花」號抵美洲

1635 德川幕府頒布鎖國令，直至1853年培里叩關

1642 法國王路易十四即位，在位時期國力達到鼎盛

1662
康熙元年，桂王永曆帝遭縊死，黃宗羲深感復明無望，著書《明夷待訪錄》，取周易卦名「箕子之明夷」，意味「黎明前等待明君來訪」，內容提倡民權，反對君主專政，影響清末維新變法

1646 清順治三年，恢復科舉取士

1911「辛亥革命」推翻清朝，開啟民主共和，新成立的南京臨時政府依三權分立精神建立，孫中山為首任臨時大總統

1683 清兵進攻台灣，鄭克塽投降

1647
順治四年，發生第一起文字獄「函可案」，開啟日後文字獄的腥風血雨

1684 清廷撤銷海禁政策

1673 吳三桂在雲南以「反清復明」為號召，稱「三藩之亂」

1689 清廷與俄國簽訂《尼布楚條約》

1901 梁啟超發表《立憲法議》，主張君主立憲

清

1666 法國「科學院」成立，匯集了當時法國和其他國家最出色的科學家

1695 俄羅斯彼得大帝開啟一連串現代化改革

1688 英國「光榮革命」，隔年國會通過《權利法案》

1707 英格蘭與蘇格蘭合併，稱「大不列顛王國」

1660 英國成立「皇家學會」，由政府資助自然科學的研究

1648「三十年戰爭」結束，簽訂《西發里亞和約》，奠定近代主權國家的概念

這位作者的事情
About the Author

1628 明思宗崇禎即位，黃宗羲入京申冤，以錐擊刺閹黨黨人許顯純與李實，明思宗嘆其為「忠臣孤子」。之後參加「復社」，原為「興復古學」，後成政治團體，涉入黨爭，南明滅亡後又成為抗清組織

1645 南明弘光年間，阮大鋮迫害「復社」人士，黃被捕入獄，之後逃回家鄉，其時清兵南下，組「世忠營」對抗，更渡海至舟山進行復明運動，抗清流亡期間，不忘讀書論學

1662 康熙元年，桂王遭處死，黃宗羲對復明感到絕望，始著書《明夷待訪錄》，意味「黎明前等待君主來訪」，批評秦漢以來的政治制度，反對君主專政下的一人之天下，展現民權思想

1668 受邀至寧波甬上證人書院講學，倡「經世致用」，講學時間最久且成就最大。同時廣蒐明人文集，整理為《明文案》，後擴充為《明文海》

1626 黃宗羲之父黃尊素遭閹黨魏忠賢迫害致死

1638 黃宗羲等人帶頭聲討曾與魏忠賢親近的阮大鋮，發布《南都防亂公揭》，迫阮大鋮離開南京，後遭其報復

1653 清順治十年，著書《留書》，充滿反清思想

作者的事情

1610 黃宗羲出生於浙江餘姚，世稱梨洲先生，與顧炎武、王夫之並稱明末清初三大思想家

當時其他人的事情

1605 西班牙作家塞萬提斯出版《唐吉訶德》上冊，下冊於1615年出版，諷刺西班牙貴族不合時宜的騎士精神

1651 英國學者霍布斯著《利維坦》，又譯《巨靈論》，奠定日後西方政治哲學思想根基

1668 法國詩人拉封丹發表《寓言詩》，取材自伊索寓言、古希臘羅馬神話與民間故事，反映十七世紀法國社會樣貌，為其代表作

1637 宋應星出版《天工開物》。笛卡兒出版《方法論》，提出「我思故我在」

1642《徐霞客遊記》出版，對於岩溶地貌的記載，先於歐洲兩百年

日本浮世繪始祖菱川師宣繪製《見返り美人》，為浮世繪初期的代表作

1676

康熙十五年，黃宗羲成書《明儒學案》，首篇《師說》提綱挈領，以王守仁心學為主線，綜論明代學術思想，記載兩百一十位明代學者，共六十二卷，為其著名代表作

1695

病危之際作《梨洲末命》，交代安葬事宜，總結自己一生「不事王侯，持子陵之風節；詔鈔著述，同虞喜之傳文」。於八月十二日離世

1678 康熙十七年正式編纂《明史》，召黃宗羲主持史局，黃再度拒絕，然全祖望指出「宗羲不入史局，而史局大事必咨之，其所辯論，史局常依資筆削焉」。

1689 受邀至姚江書院講學

1734 法學者伏爾泰出版《哲學通信》，抨擊法國專制政體

1762 盧梭《社會契約論》出版，影響美國獨立

1690 洛克發表《政府論》，駁斥君權神授的觀念

1688 劇作家洪昇完成《長生殿》，取材白居易《長恨歌》與白樸《梧桐雨》，描寫唐玄宗與楊玉環的愛情故事

1772 狄得羅出版《百科全書》二十八卷

1687 牛頓出版《自然哲學的數學定理》，發表「萬有引力定律」

1748 孟德斯鳩出版《法意》，論述三權分立

1682 日本作家井原西鶴《好色一代男》出版，為日本江戶時代前期的代表作品

1773 清乾隆三十八年設立「四庫全書館」，召紀昀為總纂官，始編纂《四庫全書》

方祖猷提供

這本書要你去旅行的地方
Travel Guide

浙江

方祖猷提供

● 寧波 黃宗羲墓道

位餘姚市陸埠鎮化安山下，黃宗羲七十九歲時自覓墓地於此，並作《梨洲末命》交代安葬事宜。原墓毀於文革，1991年依原貌修復，復開闢梅園與荷花池。

● 寧波 龍虎草堂

位黃宗羲墓道旁，黃宗羲於此潛心著述《明夷待訪錄》等巨作，其時浙東學子亦常至此問學，於康熙元年毀於祝融後，1995年在原址重建。

TOP PHOTO

● 寧波 四先賢故里碑亭

位餘姚市龍泉山上，紀念餘姚的四位思想家：王守仁、黃宗羲、朱舜水與嚴子陵，又稱「餘姚四碑亭」，其中黃宗羲的故里碑建於清末，碑文為「明遺獻梨洲故里」。

● 寧波 天一閣

位浙江寧波月湖西側的天一街，於1561年由明人范欽主持建造，目前為天一閣博物館。其為中國現存最古老的私家藏書樓，藏書多達五萬三千餘卷，深刻影響後世藏書樓的興修。黃宗羲曾受邀入內閱覽叢書，並作《天一閣藏書記》。

TOP PHOTO

● 寧波 全祖望墓

位寧波南郊，全祖望受黃宗羲與萬斯同影響至深，被歸為浙東學派，其墓於2008年完成整修，墓園面積達1480平方公尺。

● 寧波 白雲莊學術博物館

位寧波市海曙區白雲街道，黃宗羲1668年應邀於此開設「甬上證人書院」，講學期間最久成就最大，為浙東學派的發祥地。2002年開設「浙東學術文化陳列館」，為現存浙東學派的重要遺址。

● 寧波 四明山國家森林公園

位浙江省四明山，總面積6665公頃，內有黃宗羲紀念館，黃宗羲於抗清期間曾移駐於此，亦曾撰寫《四明山志》。

● 舟山島　同歸域

位舟山定海龍峰山，南明魯王朱以海於清順治六年（1649）移防舟山，建立行宮，為重要的抗清遺址。黃宗羲《海外慟哭記》中亦詳細記載舟山地理風貌與舟山反清歷史。

Teresachin2007攝影

● 舟山島　舟山博物館

藏有「雪交亭故址」古碑，雪交亭原為南明東閣大學士張肯堂所築，因清兵破城而自縊，黃宗羲為懷念故友而於自家仿造雪交亭，並記載於《海外慟哭記》中。

目錄 何以三代以下有亂無治
明夷待訪錄
Contents

封面繪圖：何季澄

我在《待訪錄》中讀出一種contended schizophrenic，即它不只是明代文化特質簡單的進一步發展，同時也是十六世紀末以來的一種回向經典時代的胎動，是兩者互相辯證的產物，是一種二律背反，而這也是歷史上許多重要突破的主要資源。唯有這樣才能理解何以看似一方面發揚明代後期之新思潮，一方面又表現了若干我們現代人看來有點「荒謬」的復古言論。

古者天下之人，愛戴其君，比之如父，擬之如天，誠不為過也；今也天下之人，怨惡其君，視之如寇讎，名之為獨夫，固其所也。而小儒規規焉，以為君臣之義無所逃於天地之間，至桀紂之暴，猶謂湯武不當誅之，而妄傳伯夷、叔齊無稽之事；視兆人萬姓崩潰之血肉，曾不異夫腐鼠！豈天地之大，於兆人萬姓之中，獨私其一人一姓乎！

導讀

王汎森

中央研究院院士，歷史語言研究所特聘研究員
主要研究領域為明清及近代思想史、文化史
著有《中國近代思想與學術的系譜》、《晚明清初思想十論》、《近代中國的史家與史學》等

要看導讀者的演講，請到ClassicsNow.net

《明夷待訪錄》是清初三大家黃宗羲為反省明朝滅亡，而探討合理的政治制度，於1664年所寫成的著作。在首五篇中，明顯和深刻地批評了皇帝制度缺乏正當性和行政效率，由此提出了以宰相制衡皇帝、以學校輿論制衡朝廷的制度設計。此書完成於清朝初年，正是中國皇帝專制的高峰期，故甚少有人談論它，但是在中國意識到要向歐美學習民主共和的制度時，則被大大地重視，因為此書代表了中國早有「民主的萌芽」，由梁啟超率先提出。不過也有一種觀點認為此書只能代表「民本的極限」，即書中所建議的，不是為求人民自治，章太炎便以此與梁啟超發生論戰。如今，兩種觀點的對立仍然存在。

諸煥燦提供

（上圖）《明夷待訪錄·原君》書影，《明夷待訪錄》全稱為《黃梨洲先生明夷待訪錄》，此為二老閣本，鄭性訂，鄭大節校。（方祖猷）

《明夷待訪錄》是一部奇書，其中有許多震人心弦的思想。它是作者黃宗羲（1610～1695）從其復國的艱難辛苦中得出的道理，其中有許多指涉十七世紀的具體問題，也有不少具有長遠價值的政治提議，是清季言民權、憲法、平等的張本。

《待訪錄》共有二十一篇，討論的主題有十三個：《原君》、《原臣》、《原法》、《置相》、《學校》、《取士》、《建都》、《方鎮》、《田制》、《兵制》、《財計》、《胥吏》、《奄宦》。其中《原君》、《原臣》、《原法》、《學校》等篇最為近人所注意，且讓我摘述《原君》篇中觸人心弦的段落。

天下為主與以君為主

《原君》篇說生民之初，人人各顧一己之私，人人各為自己之利，對公共有利之事沒人去辦，對公家有害的事沒人去除，於是有這麼一個人出來，不專為個人一己之利益而願意使天下之人皆受其利，不考慮自己的損失而讓天下免禍，於是人們推戴他為領導者。可是後世的領導者相反，他們「以為天下利害之權皆出於我，我以天下之利盡歸於己」，而且使得天下之人沒有自己的「私」，沒有自己的「利」。統治者「以我之大私為天下之公」，一開始還覺得難為情，久而久之便不以為意，視天下為莫大之產業，傳之子孫，享受無窮。

於是黃宗羲區分兩種政治型態，「古者」是以天下為主，君為客，後來是以君為主，天下為客。黃宗羲強烈地說：「凡天下之無地而得安寧者，為君也」，「然則為天下之大害者，

（左圖）黃宗羲畫像。

君而已矣！」如果沒有君，「人各得自私也，人各得自利也」，
就因為有君，天下人才沒有自己的「私」與「利」，「今也天下
之人，怨惡其君，視之如寇讎，名之為獨夫，固其所也」，但是
「小儒」們卻以為君臣之義無所逃於天地之間。

在《原臣》篇中，他又以天下為公為出發點，重新釐定
君臣關係，說因為天下太大非一人所能治，故君臣分工以治
之，「故我之出而仕也，為天下，非為君也；為萬民，非為
一姓也」，而世人卻錯以為天下之臣民為人君囊中之私物，
於是他接著說出「蓋天下之治亂，不在一姓之興亡，而在萬
民之憂樂」這樣的話。這些篇章中動人心魄的文字正是《明
夷待訪錄》最引人注目的部分。

無獨有偶地，在同一個時代也出現若干與此相近的言論，
像唐甄（1630～1704）《潛書》中說：「殺人之事，盜賊居
其半，帝王居其半……蓋自秦以來，屠殺二千餘年，不可究
止。嗟乎！何帝王、盜賊之毒至於如此其極哉。」（《全學》）
又說「周秦以後，君將豪傑，皆鼓刀之屠人」（《止殺》）、
「自秦以來，凡為帝王者皆賊也」（《室語》）。足見這些思想
在當時並不是孤例。

方祖猷提供

（上圖）《留書》抄本全名為
《黃梨洲先生留書》，原藏於
黃宗羲續鈔堂書室內，黃氏後
裔不戒於火，劫後殘書，全為
宗羲弟子鄭梁子鄭性即二老閣
主人所有。鄭性及其子鄭大
節何時所抄，不得而知。《留
書》亦有二老閣刻本，已佚。
（方祖猷）

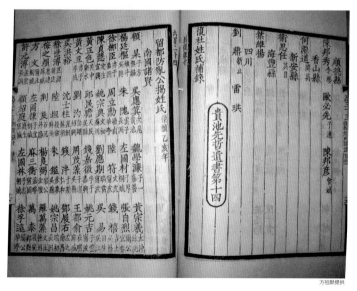

方祖猷提供

「明夷」何以稱「待訪」

　　1980年代，《黃宗羲全集》的編者在浙江寧波天一閣發現
了黃宗羲的《留書》五篇，那是寧波馮貞群伏跗室的舊藏，
後來移交給天一閣。這五篇文稿的出現，印證了幾百年前全
祖望（1705～1755）《跋明夷待訪錄》內所說的「原本不
止於此，以多嫌諱弗盡出」。有趣的是，這五篇文章後面所
附的一張字條，還生動地說明了五篇稿子的來由。它說明了
黃氏在順治十八年（1661）已開始寫《留書》，「留」是要

（上圖）《桃花扇・逃難》插
畫，清代堅白道人繪。畫中主
要描繪馬士英、阮大鋮等明末
遺民偕同南明福王朱由崧躲避
清軍討殺時的場景。

（左圖）《留都防亂公揭姓氏
錄》，收於光緒二十九年所刻
的貴池遺書的《啟禎兩朝剝復
錄》後，然所刻崇禎乙亥年
（八年）有誤，留都防亂公揭
事，發生在崇禎十一年而不是
八年。（方祖猷）

17

顧炎武（1613～1682）黃宗羲和王夫之，並稱「清初三大家」，又稱亭林先生。明朝滅亡後，他痛感士人空談心性、罔顧民瘼的風氣，認為知識之目的便在於救世。由此對經典進行大量的考證，以博古通今，其著作《日知錄》便是其一生學術的代表作，全書三十二卷，收錄千餘篇他對經史、輿地、音韻、詩詞等考證的文章，他對友人說「平生之志與業，皆在其中」，自稱此書是為「明學術，正人心，撥亂世，以興太平之世」。

（上圖）顧炎武《日知錄》書影。顧炎武同黃宗羲、王夫之並稱為「清初三大儒」，其《日知錄》一書記載經術（經書大義）、治道（政論）、博聞（知識見聞）等，為集大成之著作。

「留傳後人」的意思。康熙元年（1662），黃氏開始寫《待訪錄》時，已將這五篇文章的內容部分吸收到新書中，但是他也把五篇文字中大量涉及華夷之別，意思極為強烈的文字，刪削始盡，讀者不再看到「以中國治中國，以夷狄制夷狄，猶人不可雜之於獸，獸不可雜之於人也。是故即以中國之盜賊治中國，尚為不失中國之人也」（《史》篇）這一類的見解。故《留書》是「種族版」，《明夷待訪錄》是「新朝版」。

從《留書》僅存的五篇看來，黃宗羲早先種族意識極強，他的一些政論即是以最決絕的種族意見為基礎。[1]康熙元年（1662），當他收到桂王被處死的消息之後，[2]知道復明運動已經沒有希望，便開始寫《明夷待訪錄》。[3]「明夷」是《易經》的一卦，離下坤上，土在上，火在下，表示火冒出來卻被土遮蔽，闇主在上，明臣在下，不敢顯其明志，或等待天亮之意。「待訪」二字可能是等待新朝君王之下訪，他又說如果依照秦曉山十二運之說，「向後二十年交入大壯」，也就是預言新朝將有隆盛的局面。這個書名曾經引起不少人的質疑與不滿，尤其是那些曾經追隨他東奔西跑復明抗清的人們。

十七世紀出現過一批比較成規模的政論，如顧炎武（1613～1682）《日知錄》，外表看起來是學術的，但實際上同時也是政治的；如王夫之（1619～1692）的《讀通鑑論》中大量的按語，也是政論，當然他的《俟問》、《搔首問》等也是。唐甄的《潛書》、王源（1648～1710）的《平書訂》、陸世儀（1611～1672）的《思問錄輯要》等，也都是政論。在這一批書裏，《明夷待訪錄》之所以有突出的地位，我個人認為不單是針對君臣、學校、兵制、田制、財政等提出這樣或那樣的看法，他與上述諸書最大的不同是有一套系統性的原則貫串於大部分的政論中。

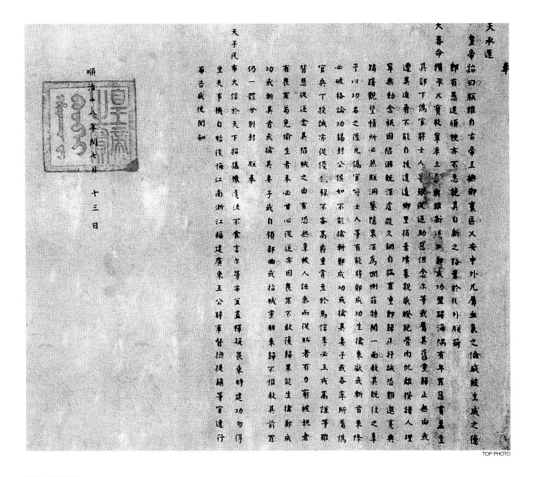

TOP PHOTO

思想淵源

　　談《待訪錄》一書最富挑戰性的部分，是探究它的思想淵源，我在《待訪錄》中讀出一種 contended schizophrenic，即它不只是明代文化特質簡單的進一步發展，同時也是十六世紀末以來的一種回向經典時代的胎動，是兩者互相辯證的產物，是一種二律背反，而這也是歷史上許多重要突破的主要資源。唯有這樣才能理解何以看似一方面發揚明代後期之新思潮，一方面又表現了若干我們現代人看來有點「荒謬」的復古言論。

　　《待訪錄》全書提倡公天下的思想。在先秦典籍中，實不乏以天下為「公」的想法，譬如《呂氏春秋·貴公》篇中

（上圖）《招撫鄭成功部下詔書》。長江之役後，鄭成功對抗清軍失敗，此時清朝頒布招撫書，希望能夠分化鄭氏內部力量，而鄭成功則將抗清基地的目光投向了廈門、台灣等地。

《孟子》有關君主治國的觀點

認為因為人民沒有辦法自我管理，因此需要統治者，但統治的基礎必定是來自於人民的付託，因此提出「民為貴，社稷次之，君為輕」，君主既受人民奉養，便須保護人民，為民置產，同時還要擁有德行向人民示範，讓人民以道德高尚為目標。如果說君主言利是為了發動戰爭使國家強大，孟子則認為用暴力征服人民，不如用德行吸引人民，因此他說周文王能將自己的小國變成大國，便是因為自己的德行吸引了許多人的歸順。如果君主忘記了自己的職責，人民也沒有理由繼續奉養他，只能「革命」來推翻他。

諸煥燦提供

（上圖）《孟子師說》，1938年餘姚洲年社重印本，當時國民政府提倡抗日，反對漢奸，要求各地弘揚漢民族傳統文化。（方祖猷）
（右圖）《瑞世良英》中堯賞賜大禹的插畫。三代以天下為公的想法，呈現在堯、舜、禹等明君身上。

説：「天下非一人之天下也，天下之天下也」。《逸周書‧殷祝》篇説：「天下非一家之有也，唯有道者之有也」。這些話在後漢以後基本上消沉不顯，在過去並未被充分重視，但在明末清初得到一種新的轉變與新的生命力。乾隆年間陝西一個不知名的儒士也發出「古帝王之治天下也，其心公，與賢士共之；後世帝王之治天下也，其心私，與親屬私人共……」，又説：「以天下之賢理天下之民而不私為己有」。④足見這一思路在當時黃氏兄弟師友之間並不太陌生。日本學者溝口雄三（1932～2010）説得很有道理，古老「天下非一人之天下也，天下之天下也」的公天下觀念，在十七世紀以前是對皇帝提出的，作為其應具有的政治態度與道德標準，不是為主張百姓的權利而提出的。但是十七世紀初出現之私（私有財產）、欲（生存欲、所有欲）的主張，始轉換由上面恩賜而來，以天下之公轉換為百姓的「私」或「欲」的集積或調和狀態的公。⑤

從《待訪錄》中也可看出《孟子》書中若干學説的落實或激烈化。《孟子》書中講「君一位，卿一位，大夫一位」（《孟子‧萬章下》），這類話在明末清初也得到新的詮釋，譬如顧炎武《日知錄》中論爵祿時，即是透過史料考證大談「班爵之意，天子與公侯伯子男一也」，這不是天上地下之懸絕的道理，而是各自之間只有一位之差。⑥這個意思也貫串在《待訪錄》中，書中凡是譏斥「小儒」如何如何的，多數是認為「小儒」故意拉大君臣之間的距離，使它成為天上地下之差別。

我們從黃氏的《孟子師說》，也就是他從自己的老師劉宗周（1578～1645）的著作中所整理出來，認為可以反映劉氏對孟子的詮釋來看，其中有七、八段話的意思與《待訪錄》的觀點相近，⑦可見其師對孟子思想的激烈化或現實化理解對他是產生了一定的影響。

帝堯命禹治水厤南北周行寓内造延西疏九河
於滑淵開五水於東北平易相土觀地分州殊方各
進有所納貢民去崎嶇歸於中國堯曰俞以固冀於
此廼號禹曰伯禹官司空賜姓姒氏　書集淵海

明代是二千年來專制體制的弊病達於高峰的時代，到了十六、七世紀，反省、批判君主的言論相當普遍，[8]而且在各種文體中都有表現，大至《明武宗實錄》、《明神宗實錄》，小至一本上海地區的地方志《外崗志》，字裏行間居然也批評起皇帝來。至於明代被允許「風聞奏事」的諫官們動輒對皇帝尖酸刻薄的批評，更是屢見不鮮。這種情形與清代形成重大對比。

《待訪錄》中最受人矚目的君權批判思想有明顯的前驅，就是晉朝鮑敬言的《無君論》，清末革命學者劉師培（1884～1919）《鮑生學術發微》中大力闡發其無君思想。[9]而唐末五代《無能子》及宋元之際鄧牧（1247～1306）《伯牙琴》中，也都表達了清楚強烈的「非君」思想。自然狀態下的「平等」觀是這一些異端思想家的潛在基礎。但是對於歷史上零星出現的無君思想與《待訪錄》之間的關係，人們有若干的觀察，但並無確證。[10]不過，黃氏與上述的「非君論」有所不同。近人馮天瑜認為上述「非君論」主要鼓吹無政府狀態，而黃宗羲並非如此，黃氏並不想廢君，黃氏是想在君權的格局之下，做一件更困難的工作，重新定義君臣應當怎樣？國家、臣僚、百姓之間應有的關係為何？

黃宗羲深受晚明心學及萬曆以降士風之薰陶。明代心學中有解放的一個面向，如王陽明（1472～1528）在《答羅整庵少宰書》中說：如果求諸自己的良心，而發現不妥當，則「雖其言之出於孔子，不敢以為是也，而況其未及孔子者乎！求之於心而是也，雖其言之出於庸常，不敢以為非也，而況其出於孔子乎！」李贄（1527～1602）在其《藏書》的《世紀列傳總目前論》中說，三代之後漢、唐、宋千百餘年之所以沒有是非，並不是人們都沒有是非，而是因為「咸以孔子之是非為是非，故

TOP PHOTO

（上圖）萬斯同，黃宗羲之學生，亦是明末清初之史學家，曾編修《明史》。在前往修《明史》前，黃宗羲曾作詩《送萬季野北上》贈之。

未嘗有是非耳」。這一類思想早在黃宗羲之前已有相當大的
影響。故雖然黃氏批判李贄相當嚴厲，他仍然脫不開時代風
氣的影響而不自知。

　　在審酌種種因素之後，我認為明代思想中對「公私觀念」
有一種相當普遍性的看法起了關鍵的作用。在宋明理學中
「公」是好的，「私」是不好的，化「私」為「公」是一件
應該努力的事。晚明以來思想中對公、私問題的看法，則比
先前靈活，只要有一種合適的關係，「公」是好的，「私」
也可以是好的。一方面解除了「公」、「私」的對立，彰
顯「私」的正面意義，另一方面出現了「遂私以成公」的思
想，認為「公」是由個別的「私」會合而成的，這一思想進
一步發展為政府的「公」是在天下百姓各個人的「私」得到
保護之後，才算是總體地完成了的新思想。此外，也有人提

（上圖）唐代章懷太子墓出土
的《狩獵出行圖》壁畫。章
懷太子為唐高宗時期的監國太
子，因為政清明使武后倍感威
脅，最後以謀逆之罪將其廢
位。這正顯露在位者家天下之
私。王夫之曾在《搔首問》一
書中評論唐高宗、崇禎皇帝等
頻繁地更換宰相，是典型的亡
國之君。概念出於其《讀通鑑
論》：宰相無權，則天下無綱。

宰相 的原始含義便是「副皇帝」，是統領百官和日常行政的最高負責人，因此宰相能掌握的政治訊息，實際要比皇帝來得多，這造成宰相常能以此來制約皇帝的獨斷行為，但也能以此來謀求私利，故此歷代皇帝都想在制度上削減相權的影響。宋朝和元朝「奸相」輩出，例如蔡京、秦檜、脫脫等等。在前車之鑑下，明朝建立者朱元璋便藉當時左丞相胡惟庸謀反的案子，廢除宰相這一職位，並立下祖法禁止後世子孫重立。這造成皇帝不得不親自處理日常行政，直接管理百官，除非精力過人，否則難以達成，故此明朝出現許多逃避政事、任由信任的宦官代其處理政務的皇帝。

（上圖）繡像小說《何國舅謀誅宦豎》插畫。東漢末年宦官十常侍作亂，何進欲剷除宦官勢力，卻反遭十常侍所殺。明末所遇到的宦官干政問題正與東漢末年一樣嚴重。

出所謂「公欲」的主張，如何心隱（1517～1579）認為私欲只要能符合公眾的利益，即為「公欲」。在這個新思想基礎上形成了一種政治觀，即政府是「公」，但此「公」是由能滿足天下各個百姓的「私」所形成的，故一方面君王應該以天下為「公」，政府施政要能「公」，要能時時顧及「公論」，另一方面要能為天下庶民百姓保有生存、財產等權利之「私」，保護天下百姓每個人那一份應得的「私」是政府的最高責任。顧炎武說「用天下之私以成一人之公而天下治」（《郡縣論五》），維護所有人民的「私」，即成就天下之「公」，即是這一種新銳思想的具體例證，這一思潮在《明夷待訪錄》中也起了決定性的作用。

兩種政治原理之爭

我認為最能用來貫串《待訪錄》各篇大義的是兩種政治原理之對立，而他之所以敢在全書的第一句就說這本書是想說清楚何以「三代以下有亂而無治」這個大問題，是因為他掌握了這個欛柄：究竟三代以後的君臣關係、制度設計、法律、兵制……等林林總總的議題，是從哪一種原理出發的，是「以天下為天下之天下」這個原則出發，還是從以「天下為帝王之私產」出發的？

黃宗羲回答這個問題最直接的答案，是認為被他理想化了的「三代以上」與「三代以下」，是兩種政治原理之爭：一種是天下是天下之天下，是公的、萬民的、百姓的，並從此原理出發去思考、規畫一切制度，在《待訪錄》中對君臣、方鎮、封建、法律等重大問題的新思考，都是從這個原理出發的。與它相對的是「三代以下」之原理，即以天下為帝王「一家之私」為出發點的思考，對一切事物防之又防、密之又密，而最後歸於無效。正因為兩種政治原理截然相異，所以黃宗

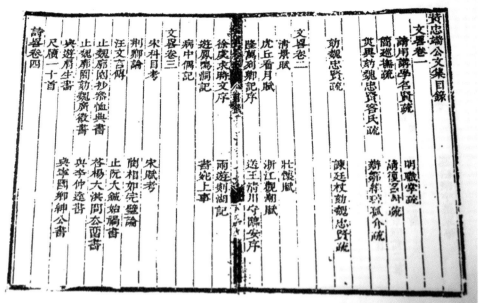

方祖猷提供

義要求全變，而不是小小變革，要求有治法而後有治人，即
要從原理出發，重新檢視兩千年來一切的政治設計與政治實
踐。

一切從國家而非從君之私產出發

就從基本原理的差異，產生了重大的不同，譬如他認為
「君」與「天下」、「國家」不能等同為一，而且「天下」、
「國家」優先於「君」，又因為「天下」、「國家」是由許許
多多百姓所構成的，所以「百姓」又優先於「君」。在《原
君》與《原臣》篇中，黃氏提出一個類似我們現代人所了解
的股份公司的國家觀，這個看法在晚清經梁啟超（1873～
1929）等人進一步擴張詮釋而盛極一時，他們主張君王是總
經理，全國國民才是業主或董事長。

在這種國家觀中，臣與君是分工的關係，故臣不是為君曳
木之人，而是「君與臣共曳木之人」也（《原臣》）。臣的工

方祖猷提供

（上圖）《黃忠端公文集》書
影及黃忠端公小像，刊於黃宗
羲輯編、許三禮刻之的《黃忠
端公文集》內。《黃忠端公文
集》為黃宗羲父黃尊素的詩文
集，是康熙十五年黃宗羲到海
寧講學時，由講會主持人海寧
縣縣令許三禮捐資所刻，至康
熙十六年刻成。文集前有《黃
忠端公正氣錄》，文集共有文
略三卷、詩略二卷、說略一
卷，此書為黃宗羲所輯。（方
祖猷）

作不是君之所授，而是以其才能與君合作共同為國家服務。故臣道是公的，非私的，臣是君之「師友」。

在法律方面，法究竟是君王之家所擁有還是天下人所共有，也是一個重大的不同。因為三代以下之法是一家所擁有，所有法條的內容及重點，往往是為了保護君主一己之利益而設，而不是為天下人共有之秩序而制定。[11]所以黃氏說「天下之法」與「後世之法」相對，「後世之法」是「藏天下於筐篋者也」(《原法》)，天下之法是「刑賞之權，不疑其旁落」(《原法》)。

《置相》篇最開頭一句「有明之無善治自高皇帝罷丞相始」，是傳誦久遠的斷語。黃氏認為「廢相」問題之所以值

文字獄 自古有之，但從明太祖朱元璋開始，明清時期的讀書人因言獲罪不只是因為某種具體的思想或理念，而是皇帝對作者的某字或某詩的「特殊解釋」。例如浙江府學教授林元亮因其《謝增俸表》中的「作則垂憲」一句而誅，因朱元璋認為「則」字音近「賊」；雍正以禮部侍郎查嗣庭所出試題的「維民所止」一句中的「維止」是為「雍正去頭」之暗指而殺之。可以說，明清時期的文字獄，皇帝的其中一個目的是透過教訓士人來宣示自己絕對之權力，而非僅維護官方立場。清朝文字獄比起明朝更多，則是因滿清為夷狄入主中國，為了根除漢人的反感，清廷遂思加以禁制。

（右圖）黃宗羲為鄉進士董天鑑所寫墓誌銘的手跡，刊於《南雷雜著稿真跡》一書內，原稿藏於上海圖書館古籍部，董天鑑為黃宗羲弟子董允瑤之父，明末遺民。（方祖猷）

方祖猷提供

得再三討論，除因它確實是明代政治的一個重大分水嶺外，還因為它牽涉到一個基本的政治原則。黃氏說天子之子不皆賢能，賴賢相加以補救，明代廢相，則連必要的補救機制都沒有了。而且，這個議題與前面提到的「公天下」或「家天下」之分別有關。如果以天下為一家之「私產」，便會產生一種矛盾心理，既要宰相幫忙處理大政，卻又不願宰相「分享」其大權，但是如果以天下為天下之天下，則就不會有上述的矛盾。黃氏又說如果以國家為天下所公有，則不會像三代以下之各個朝代視天子之位為「天」，以為君民之間是「天」、「澤」之別，故他強烈地說天子只比宰相高一階，不是到了天子便截然沒有等級，這一點與《日知錄》中的討論相近。在帝制中國，這是何等大膽的言論！此外，他認為只有公天下的想法。帝王也不可能有「遂謂百官之設所以事我」(《學校》)這樣狂妄的想法。

　　從政治制度之設計也可以看出重大的分歧，三代之封建是「天下」的，三代以下「郡縣」制度則是為帝王一家的。為了國家整體的利益，在軍事要地設「方鎮」，並容許鎮帥

（上圖）清代的傳位玉璽以及大清受命之寶匣。古代帝王因「家天下」之概念，以為天下為己家私產，因此往往不能苦民所苦。

世守其地，傳之子孫，世代相守。他說「封建」之害是王命不行，而郡縣之害，是戰爭之害無已，欲去兩者之弊，是在沿邊設方鎮，可以「以一方之財自供一方」，而不必等到事起時「竭天下之財供一方」。這是在以「天下」為「天下之天下」的思維下才可容忍之設計。如果以天下為帝王一家之私產為出發，則「外有強兵，中朝自然顧忌」（《方鎮》），國中有國，在國中容許「方鎮」這種強大的半獨立勢力是不可想像的。

以資源的調取為例，如果以天下為天下人之天下，則「山澤之利」絕非帝王之家的私產，也就不能禁止人民取山澤之利。

士人應兼理文武

用人亦然，如果天下為天下人之天下，則用人出於公，出於國家公共利益之考慮。如果是帝王之私產，則用人首先考慮對方是否忠心於我。

《待訪錄》中常常出現「教」、「養」二字，認為這兩者是統治者最應全力以赴的工作，並慨嘆三代以下專制帝王不能「教」、「養」人民。三代以下帝王苛求租稅，也是因為他們不能以天下為天下之「公」出發去考量。黃氏說，如果聖人以「惻隱愛人」（《置相》）為出發點去設計制度，則帝王要授田與民才能收田稅，要養民才能收丁稅。黃宗羲認為三代以下有一種潛在的錯誤政治思維，忘了稅賦不是帝王自然而然就能徵收的，統治者必須先盡授田養民等責任才有權收稅。

上述兩種政治原理的重大差異，也可以從《待訪錄》中討論輿論、監督、制衡、學校等議題時看出。黃氏認為，以天下為私產，則帝王不容許獨立輿論存在，如以天下為百姓所共同擁有時，則輿論、監督、制衡皆是國家所當有之事，非

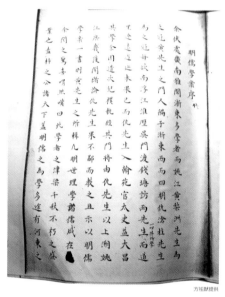

方祖猷提供

（上圖）《明儒學案序》，此文為黃宗羲弟子萬斯同代捐資刻此書的賈潤所作，主要記載論述明代學術思想的發展，後經賈氏修改後，刻於紫筠齋本此書前。原文收於清甬上學者徐時棟煙嶼樓書室的抄本《石園藏稿》內。（方祖猷）

（右圖）朱雲折檻，南宋畫作。典故出自《漢書·朱雲傳》。描述西漢成帝時，朱雲直諫帝王，即便被御史拖出殿外，也緊抱殿前欄杆而據理力爭，而至欄杆折斷。後世以朱雲作為諫官之典範。

帝王私人所得而操縱。在此狀態之下「天子之所是未必是，天子之所非未必非，天子亦遂不敢自為非是，而公其非是於學校」(《學校》)。黃氏嚴厲批評朝廷必欲以其權力與學校、書院爭勝，故刻意突出學校及儒士之權，認為他們才應該是社會勢力的中心，而且其地位應該高於官員──譬如說國子監祭酒的地位應該與宰相相等，或是應該以退休的宰相擔任祭酒等。黃氏以學校為一種制衡機關，相對於行政機構而言，既擁有考試權又有監察權，我頗懷疑章太炎(1869～1936)清末民初所提出的行政、考試、監察「三總統」說，是受到這類觀念的影響。黃氏在《學校》篇甚至主張可以依學校的公議驅除不適任的地方官員，儒士在學宮講學時，他們的地位應該高於縣令，在鄉飲酒禮中，讀書人的地位亦復高於地方官員。他的種種提議，皆是以天下為「天下之天下」這一思維的系統發揮。

TOP PHOTO

(上圖)清代科舉小抄，這本小抄的長寬大約為十三公分，上面記滿了密密麻麻的小字，同時也顯示了科舉制度的漏洞。

當然，朝廷之是非與學校、書院之是非相敵對的思想，也相當生動地反映了晚明東林黨勢力最盛時的實況，當時他們成為世論的領導者而與政府形成抗衡之勢，以至於有人形容說是：「廟堂所是，外人必以為非；廟堂所非，外人必以為是」。⑫

黃宗羲在討論科舉制時，前述兩種原理之異仍然表現得相當明顯。黃氏說三代以上進人之途寬(可以透過許多不同管道登進)，用人之道嚴；後代進人之道只出於「科舉」一途，而用人之道非常隨便，考課賞罰非常鬆散。在檢討這種不合理時，他責備說因為三代以下之帝王以用人為一人之恩

寵，故讀書人「亦遂以朝廷之勢利一變其本領」（《學校》）。

在討論「建都」問題時，黃氏說：「昔人之治天下也，以治天下為事，不以失天下為事者也。」如果以治天下為事，則首都理應建在天下財賦所聚集的核心地區，如果以失天下為事，則考慮就完全不同了。他認為明代捨南京而移都北

（上圖）明代科舉考試圖。黃宗羲曾在《明夷待訪錄・取士》中批評科舉制度的腐敗，士子在學習上局限於時文，「舉一先生以廢百」，且背棄經史古文，都是科舉制度的弊病。

歷代著名書院 文昶元繪

書院與官學歷來被視為治國的基礎，黃宗羲曾提出「必使治天下之具皆出於學校」，說明理想的教育理念，強調在此教育體制下的士子們成為社會的批判力量。而觀看作為學校體系一環的書院，可從其歷代沿革理解知識分子治學兼及治世的抱負。書院最早起於唐朝，五代時期規模漸備，宋元時達至鼎盛，此後對於思想史影響深刻。南宋時延請大儒主講，談論理學的風氣盛極一時，元朝時期則專講朱之學。至明初漸趨衰敗，待王陽明出現始力振學風。

應天書院（睢陽書院）
地點：河南商丘
時代：五代後晉
名人：范仲淹、晏殊、孫復、胡瑗
五代後晉楊愨所創，1043年，宋仁宗下旨改為南京國子監，成為北宋最高學府之一。范仲淹曾受教於此，之後掌管應天府書院，並制定學規。

白鹿洞書院
地點：江西廬山
時代：南唐升元四年（940）
名人：朱熹、陸九淵、王陽明
1179年，朱熹出任南康太守，重建書院，訂下白鹿洞書院學規，並親臨講課。陸九淵、王陽明都曾至此講學。

嶽麓書院
地點：湖南長沙
時代：北宋開寶九年（976）
名人：張栻、朱熹、王陽明
潭州太守朱洞所創。1167年，朱熹與張栻在此論學，舉行「朱張會講」，前來聽講者絡繹不絕。之後朱熹重整嶽麓書院，頒行《朱子書院教條》。

石鼓書院
地點：湖南衡陽
時代：宋至道三年（997）
名人：周敦頤、李寬、韓愈
唐元和五年，李寬在山巔築屋讀書，宋初，州人李士真在此建立正式的書院，招收生徒講學。宋仁宗賜額「石鼓書院」。

嵩陽書院

地點：河南商丘

時代：宋景祐二年（1035）

名人：程顥、程頤、司馬光、范仲淹

原為佛教場所「嵩陽寺」，宋仁宗時改為學府。儒家理學大師程顥、程頤曾在此書院講學。司馬光並在此寫成《資治通鑑》第九至二十一卷。

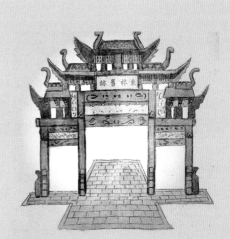

東林書院

地點：江蘇無錫

時代：北宋政和元年（1111）

名人：顧憲成、高攀龍、顧允成

北宋時為理學家楊時講學之所。明萬曆年間，顧憲成被貶回鄉，重修書院。自此東林書院成為明末清初的輿論中心。魏忠賢殘害東林黨人時，曾拆毀書院。

鵝湖書院

地點：江西鉛山

時代：南宋淳熙二年（1175）

名人：朱熹、陸九齡、陸九淵、呂祖謙

南宋淳熙二年，朱熹、陸九齡、陸九淵、呂祖謙曾同會於此，辯論「性理」之道，不合而散。淳熙十年賜名文宗書院，後更名為鵝湖書院。

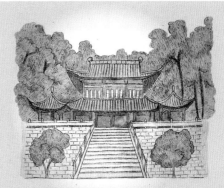

萬松書院

地點：浙江杭州

時代：明弘治十一年（1498）

名人：王陽明、齊召南、袁枚

始建於唐貞觀年間，原為報恩寺，明代改闢為書院。明代學者王陽明曾在此講學，而清代「隨園詩人」袁枚曾在此讀書。

東林黨 的前身是顧憲成和高攀龍於1604年所創建的東林書院，本來宗旨只是談論學術，偶及朝政得失。之所以捲入黨爭，是因為以魏忠賢為首的「閹黨」將顧憲成寫給首輔葉向高的私人信件，抹黑成東林書院欲藉由民間輿論來「遙控朝政」的證據，由此不同的政治勢力都利用東林書院的名氣，或自我標榜或抹黑對手來進行黨爭，而「東林黨」便是作為指責「干涉朝政」的稱謂，而非事實上存在的政治勢力。不過，東林書院的議政和對政治鬥爭的不屈態度，開啟了明末清初士人走出心學內省、走入社會現實的學術風氣。明朝臨亡時，許多士人「殉節」和組織救國軍，多乃受此影響。

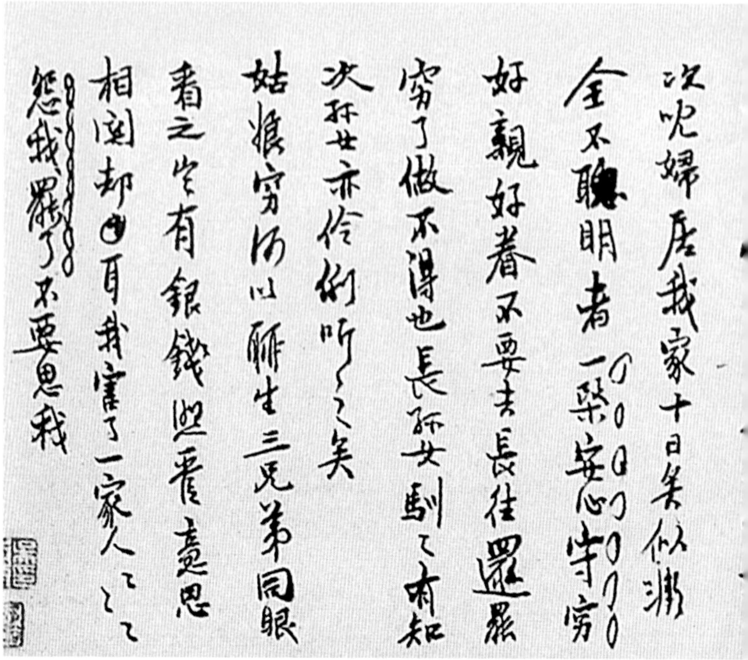

（上圖）明 魏大中《絕命書》。

魏大中，東林黨人，有「東林前六君子」之稱。生性剛毅，直言諷諫，因常揭發魏忠賢之惡事，最後遭魏忠賢構陷入獄而死。

（右圖）袁崇煥像。黃宗羲主張文人領兵，認為明末投降清兵的將領大都為武將出身。袁崇煥即為明代文將的代表，他本為萬曆進士，初授知縣，後因有軍事才能轉任兵部，曾取得寧遠之戰、寧錦之戰的勝利。

京，便是因為成祖想把首都遷到他的勢力範圍內以保安全，是一個帝王以他的私心左右建都大事最明顯的例子。黃氏進一步說建都失算，則不可救，所以反對都於北京，遠離江南財賦之所在，以致為了將糧食通過漕運運到北方，「江南之民命，竭於輸輓，大府之金錢，靡於河道」。

宦官盛行與後宮妃嬪之多

在討論「兵制」時，黃氏主張衛所制度是可行的；他又認為士人本應兼理文武，但是後來文、武分途，而明代後期帝王又過於相信武人，大量任用武人典兵，導致明代兵事不可聞問。黃氏說，明末投降敵人的大部分是武將，而非典兵的文人，可見文人領兵有許多優點。在「兵制」的討論中，黃氏也涉及一個重要問題：兵制的安排究竟是以天子一人之私以防下為出發，還是以國家之公共安全為出發？如果不是以防下為念，則不至於「文臣之督撫，雖與軍事而專任節制，

TOP PHOTO

與兵士離而不屬。是故涖軍者不得計餉,計餉者不得涖軍,節制者不得操兵,操兵者不得節制。方自以犬牙交制,使其勢不可為叛」(《兵制》)。

在論及「奄宦」時,他認為明代奄宦數目特多,有一個根本之因,即「人主之多欲也」。同時也因為「人主以天下為家」,故大量用近身的奄宦來幫忙管理其家產,而不信任官吏之治理。黃氏又説人主愛奄宦之道,惡師友之道,故他進而認為明代「一世之人心學術為奴婢之歸者,皆奄宦為之也」。

黃氏對明代宦官之禍再三致意。《待訪錄》中論《取士》有兩篇,論《田制》、《兵制》、《財計》各有三篇,而《奄宦》居然也有上下兩篇。《奄宦》篇第一句就痛斥奄宦之禍,歷漢、唐、宋相尋無已,「然未有若有明之為烈也」,漢唐宋的宦官要乘人主昏庸才能得志,明代的奄宦則充分建制化,「格局已定」,即是英烈之主也不能捨之。而最根本

TOP PHOTO

湖南的南學會 是在1898年二月於湖南建立的政治團體,參與創建者包括許多著名維新人士,例如譚嗣同、梁啟超、黃遵憲等等。南學會的創立目的,便是要用類似於講學的方式,組織有功名的仕紳,在地方上形成一政治勢力,學習西方政治思想和議會的運作,以此實現地方自治和議會制度的政治理想。這對於當時皇帝集權的清廷,自然是不能容忍的,因此在創立三個月後,會長皮錫瑞便被驅逐出湖南,學會運作也告停止。但不管如何,南學會所要求的自治理念,卻廣為傳播,影響了日後的武昌起義。

(上圖)《魏忠賢小説斥奸書》中《高攀龍投水自盡》插畫。高攀龍,明代東林黨領袖,因反對閹黨被革職回鄉,與顧憲成等人在東林書院講學。後遭魏忠賢陷害,認為忠臣不可辱而投水自盡。

的原因就是「視天下為娛樂之具。崇其宮室,不得不以女謁充之;盛其女謁,不得不以奄寺守之」。也就是説問題出在帝王以天下為私產、為「娛樂之具」。

在討論到後宮妃嬪之多時,黃氏也提到人主之所以需要一百二十個妃嬪,除為了宣洩慾望之外,主要還是因為擔心子嗣不夠——「唯恐後之有天下者,不出於其子孫,是乃流俗富翁之見」(《奄宦下》),也就是後宮妃嬪數目的問題,也與是否以天下為個人之私產密切關聯。

總之,《待訪錄》中所討論的十三個重大主題,或顯或隱都與兩種政治原理的根本差異環環相關。他在書中反覆用「筐篋(家中物)」一詞,認為三代以下之君主以天下為其個人之「筐篋」,對其他所有人防之又防,條規密之又密,而最後一切防備都終歸無用,是從其根本原理處的錯誤所造成的。

前文已經將我認為《待訪錄》中最為關鍵的原理做了陳述,並且盡量聯繫《待訪錄》各章的內容立説。由於《待訪錄》的文章並不難讀,就不擬再説明各章的思想。

國家的「總發電機」

以下將進一步陳述黃宗羲在《待訪錄》中表現出若干重要的思想傾向,譬如「士人中心主義」。黃氏在《學校》篇中主張「必使治天下之具皆出於學校」。學校是一個國家之總發電機,「蓋使朝廷之上,閭閻之細,漸摩濡染,莫不有詩書寬大之氣。天子之所是未必是,天子之所非未必非,天子亦遂不敢自為非是,而公其非是於學校。」學校兼有智庫、議會的監督、制衡、主持輿論之權,清季湖南的「南學會」便隱隱然落實了《學校》篇的意思。黃氏在《學校》篇中還提出「毀廟興學」的主張。另外,他又認為

何以三代以下有亂無治 明夷待訪錄 ————36

士人不但高於官員,應為社會之中心,而且應該擔任所有積極任務,如領兵作戰,以解決武人專擅之弊;如擔任胥吏,以解決胥吏把持之弊等。《胥吏》篇說:「古之胥吏者一,今之胥吏者二。」古代是辦事的人都是同一群人,後來將政府工作分成士徒與胥吏兩個世界,則百弊叢生。此外,「儒家中心主義」也使得黃氏積極反對佛、老之學,而且為了維護儒家正統思想之純粹性,公然主張燒書──燒掉與正統思想無關的一切書,如「時文、小說、詞曲、應酬代筆」等(《學校》)。

有人認為黃氏這種「士人中心主義」可能影響到呂留良(1629～1683)及曾靜(1679～1735)等人。清朝雍正帝曾經引用曾靜所著《知新錄》、《知幾錄》,其中有這樣一段

（上圖）清 焦秉貞《歷朝賢后故事圖·戒飭宗族》。
畫中描繪的是東漢和帝的鄧皇后,和帝逝世後,她成為攝政太后,嚴以待己並訓誡宗族之人不能因此驕逸,成為賢后的典範。黃宗羲曾批判古時帝王廣納嬪妃,「唯恐後之有天下者,不出於其子孫」,將天下當作自己之私產。

方祖猷提供

（上圖）葉方藹，江蘇崑山人，康熙時《明史》總裁。曾致詩黃氏，既表示仰慕之情，又勸其應博學宏儒之徵。康熙十七年又面奏康熙，徵召黃宗羲至京修史，黃宗羲收到其詩後，步韻回詩表示婉拒。他是黃宗羲接觸的第一位清廷大臣。（方祖猷）

話：「皇帝合該是吾儒中學者做，不該把世路上英雄做……春秋時皇帝該孔子做，戰國時皇帝該孟子做，秦以後皇帝該程、朱做，明末皇帝該呂子做（按：呂留良）。今都被豪強占據去了。吾儒最合做皇帝，世路上英雄他哪曉得做甚皇帝。」呂留良與黃宗羲一度非常親近，他的思路確實可能直接啟迪了呂留良並間接影響到曾靜。

《待訪錄》的篇章中常顯示一種不害怕地方力量、認為資源應該盡量配置在地方的想法。他認為如此一來，地方可以有力量照顧自己，而當地方有力量時，才可能抵抗各種變亂，敵人也不會像滿洲兵入侵中國一樣，一路勢如破竹如入無人之境。唐甄的《潛書》中主張保護地方上的富室，以他們作為地方的中心，也有同樣的意思。

此外他與顧炎武等許多當時有名的知識界領袖一樣，傾向反對商業中心主義（請參見巫寶三《中國經濟思想史資料選輯·明清部分》中所收錄的材料），而且對商業社會的種種衍生現象，譬如對當時不徵收實物稅而以銀為稅的辦法即表示激烈反對，甚至也反對用銅鑄幣。他在《田制》篇中主張恢復孟子所說「三十稅一」，主張恢復井田，主張如有「王者復古」，必將「重定天下之賦」，將天下之田定為「下下」之田來起徵才算合理。他認為「錢」不是「田賦」，故主張徵收實物稅以免農人受通貨膨脹之苦。而且他從中國賦稅史之發展看出歷代層層疊加上去的稅收，比古人心目中所想像的合理徵收額度相去甚遠，是對百姓「潛在的剝削」，而百姓亦被潛在剝削而不自知。黃氏認為從明代衛所屯田制度中，便不難看出井田可以復行於當代。他在本篇中還做了相當仔細的計算，認為明代天下之田足夠像井田時代那樣分配給每一個人。不過，計口授田與計戶授田兩者間畢竟有很大的差距，黃宗羲的計算是有問題的。另外，他在《財計》篇中說聖王如欲使天下安定，必須禁止以金銀交易，錢是壞東西，主張一種「崇本抑末」的節約主義，禁倡優、禁酒肆、

「除布帛外皆有禁」。前面已提到他主張工商皆「本」，但是基本上只是主張不要刻意壓抑商業，但是絕不鼓勵，他堅決認為農業才是國家經濟之本。

百年以上無聞，不代表思想之中斷

哲學史與思想史的一個重要區別，是後者不只要問出現何種成系統、論證清楚的思想，還要問那些論點在歷史上造成何種實際的影響。《待訪錄》於1673年初刻，顧炎武、湯斌（1627～1687）等人很快對它有所評論，[13]其中有些評論非常正面，但也有一些浙江的地方人士對他還想「待」滿人之「訪」感到遺憾。[14]然而從十七世紀後期到十九世紀後期，將近兩百年的時間，我們並未見到對《待訪錄》一書公開評述或進行明顯的討論，而且有相當長的時間也未見到印本。在明清時代，儘管印刷大行，但抄本的流傳力量仍然相當之大，所以我推測該書抄本隱隱地在流傳，[15]但公開的宣揚是見不到的，所以這部奇書中對君權的新定義，以人民為本位的思想，並沒有什麼實際的影響。

許多學者因此不假思索地說《明夷待訪錄》是一部禁書，但我遍查手中的禁燬目錄，並未見到此書的蹤影，近人也已指出它不是禁書，[16]其中原因我們目前尚無法斷定。然而由於黃宗羲的《南雷文約》列入浙江禁燬目錄中（抽燬），因為「漣漪效應」，使得不必確實列在禁書目錄之中，而只要「沾親帶故」的各種書，也將連帶隱入晦暗中。因為《待訪錄》一書內容敏感，又因為黃氏的《南雷文約》遭到查禁，所以他的《待訪錄》沉晦了一百多年，直到道光十九年

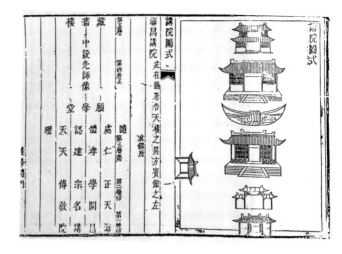

方祖猷提供

（上圖）海昌講院圖式。原收於康熙本許三禮《天中許子政學合一集》卷一《海昌會語》內。康熙十五年黃宗羲到海昌（今浙江海寧）講學，此院尚未建成，故在北寺開講。次年建成，至此續講。（方祖猷）

39

經世思潮在晚明出現 是一種強調學習知識以應用現實的學術態度，其產生背景在於心學空談心性的流弊和明朝政治的腐敗。心學的集大成者是王陽明，他對於內在道德和外在行動的關係，認為人要是良知作主、明白事理，自然會付諸行動，這就是所謂的「知行合一」。而不能行動，只因是私慾的蒙蔽。這造成其後學將主要精力放在透過冥想來達到心靈澄清的狀態，忽略了社會現實。遂有一些士人認為這些心學者要為晚明的政治腐敗負上責任。

方祖猷提供

（上圖）徐元文，江蘇崑山人，清初著名學者顧炎武之外甥。他官至戶部尚書，《明史》監修，與黃宗羲關係很好，他赴京任《明史》監修時，即聘請黃氏弟子萬斯同和萬言至京修史。（方祖猷）
（右圖）繡像小說《囚奴正士圖》插畫。此畫主要描述箕子向紂王進諫，但紂王不聽，於是箕子裝瘋潛心等待明君出現。黃宗羲曾言：大壯之交，吾雖老矣，如箕子之見訪，或庶幾焉。以箕子自況。

（1839）才再度出現刊本（指海本）。

不過，因為《待訪錄》內容敏感，而且書名「明夷」二字容易引起誤會，所以我們可以看到一些特殊的遮掩手法。「明夷」本身是《易經》中的一卦，但是一般人未必知道，或是即使知道，仍然認為這兩個字容易有夷狄之聯想，並觸犯忌諱，所以清代有的傳本被撕去封面，也有刊本的封面書名部分的「明夷」二字是直接作䷣，成了《䷣待訪錄》。[17]

前文提及，《待訪錄》在晚清經過梁啟超等人鼓吹，如火山爆發般，掀動一代風潮。立憲派梁啟超在《清代學術概論》中說他與譚嗣同（1865～1898）等人為了提倡民權共和之說，曾將其書節抄，大量印行，秘密散布，因而「信奉者日眾」、「於晚清思想之驟變，極有力焉。」[18]我推測梁啟超等所能讀到的《待訪錄》可能是道光十九年以來陸續出現的各種重刊本之一。這部書在沉寂百年之後，突然陸續出現了一批重刊本，而且最為敏感的《原君》等篇並沒有什麼刪竄、隱瞞，我個人對於這個現象是有些吃驚的——在1840年左右的大清帝國出現這樣強烈攻擊君權的文字是極不尋常的，而且出現之後並未被查禁或引起公開非難。但是我也並不完全吃驚，因為那個時代正是大清帝國經歷內亂（白蓮教亂等）及外患（鴉片戰爭等）的巨大衝擊，重新調整其思想動向，有許多關懷現實的舊書被重印，[19]同時也因為內亂外患讓清廷無暇篩檢與箝制思想言論，一些過去被查禁而長期伏匿不出的文本，不但得以重新被傳抄或刊印，而且並未遭到官方制止。當然，這些重刊本有的被暗暗地做了某些刪改。《待訪錄》在道光年間重現，反映了上述兩種時代情勢：如果不是當時文網漸寬，這本書是不可能出現的。如果不是人們強烈的關懷現實，《明夷待訪錄》之類的書也不大可能重現。

前面所引梁啟超的那一段話並未提及道光以來的各種刊本，口氣中儼然他們是最早重印此書之人，這當然不是事

囚奴正士圖

箕子

41

（上圖）梁啟超書「獨立不懼遯世无悶，清明在躬志氣如神」。清末梁啟超等立憲派，受黃宗羲民權思想影響頗深。

TOP PHOTO

實。但是與舊刊本之只印一、兩百或兩、三百部，清季拜新式印刷之賜動輒印個成千上萬本，其影響力完全不可同日而語。依我目前的了解，道光年間《待訪錄》的實際影響相當有限，不易看到強烈響應或極端批判的文字。一直要等到清季，《待訪錄》這個小冊子才成為思想界的炸藥庫。

《待訪錄》一書本身的內容與這本書後來的命運一樣重要。因為這是一本極富刺激性的著作，它對君權的定義，對君臣關係的釐定，對「萬民」地位的肯認（recognition），對「國家」與「天下」的區分，對古代的理想政治與當代齷齪失敗的政象的對照等，提出非常前衛而犀利的論點。不但比自古以來批判君權的文字更為激烈，如果單獨抽出激烈的篇章，更讓讀者怵目驚心。但是我們不能忽略一個重大事實，即從這本書的流傳史及書籍史的角度看來，上述思想在清初非但不曾有過重要影響，而且此後一直到清末，它幾乎不曾被熱烈討論過。有一百年左右的時間，它也並未被再度刊刻過。

這個事實提醒我們，新思想的出現與否是一回事，它們是否引起熱烈討論並在思想世界生根、實現，是另外一回事。1902年梁啟超在《黃梨洲緒論》中說「歐洲一盧梭出，而千百盧梭接踵而興，風馳雲捲，頃刻徧天下。中國一梨洲出，而二百年來，曾無第二之梨洲其人者。盧梭之書一出世，再版者數十次，重譯者十餘國。梨洲之著述，乃二百年來溷沉於訓詁名物之故紙堆中，若隱若顯，不佚如縷。」這段話已充分道出前面的事實。

不過《明夷待訪錄》的命運雖然如前所述，但是它在晚清的命運卻符合了王安石（1021～1086）的「人間禍故不可忽，篝中死屍能報仇」這一首詩的意思。只要這個文本還在，在激烈環境的激盪之下，它便隨時可能像火山爆發般噴薄而出，對現實產生重大影響。

「道假諸緣，復須眾熟」一語正好用來說《待訪錄》。雖

然在道光本中，所有譏斥君權的刺目語言都歷然在目，但是
當時「眾」尚未「熟」，當時的時風眾勢還不足以鼓動人們
對此等言論的敏銳感受。

　　一般都知道《待訪錄》經清末的梁啟超、譚嗣同的大量
印發之後，對「民權共和」產生風雷破山海的影響。梁啟超
的陳述加上革命派章太炎在《非黃》一文中對黃氏的抨擊，
使人們隱隱然認為散布《待訪錄》的主要是清季的立憲派，
所以當發現《明夷待訪錄》節刊本不只是梁啟超，連革命派
的孫中山（1866～1925）或他的盟友也刊印散發，[20]甚至孫
中山本人對《待訪錄》也非常推崇時，人們無不感到訝異。
但是我對此並不覺得驚奇。黃氏的突破性言論，對當時的革
命、立憲兩派都有意義。後來革命派之所以「非黃」，與章
太炎等人的思想變化有關。

　　當時革命派內部有兩派：一派偏向革命，一派偏向光復。
光復派認為一切都是種族問題，不是政制問題，故反對全盤

（上圖）清末，長沙時務學堂
的教習人員合影，由左至右
為：葉覺邁、譚嗣同、王史、
歐榘甲、熊希齡、韓文舉、唐
才常、李維格。長沙時務學
堂由譚嗣同等維新派人士於
1897年創辦，標誌著清末教
育由舊式的書院向新式學堂的
演進。

43

盧梭《民約論》 首句便是「人生而自由，但卻無往不在枷鎖之中」，盧梭（1712～1778）認為這是因為人的相互競爭無可避免地導致支配和奴役。因此他認為只有在人自己支配自己的狀態下，人才是自由的。方法便是所有人將自己所有的權利奉獻出來，共同組成一個公共人格，其意志為「公意」，表現於憲法，如有人的意志與「公意」違反時，只能說明此人自私。在法國大革命中，革命者便是以公意號召法國人推翻君主，通過憲法，建立共和。「以公意號召——推翻舊統治者——通過憲法取得合法性」成為許多國家擺脫殖民和帝制的成立方式。

方祖猷提供

（上圖）浙江興業銀行發行黃宗羲頭像紙幣，陳列於餘姚化安山黃宗羲墓前方新建龍虎草堂黃氏陳列室牆上。（方祖猷）
（右圖）《An Allegory of the Revolution with a portrait medallion of Jean Jacques Rousseau》，由Nicolas Henry 及Jeaurat de Bertry繪，現藏於巴黎歷史博物館。盧梭於《社會契約論》中提倡人生而自由，且政府不應當只保護少數人的利益，而是著眼於每一個人的權利。這個思想影響了日後法國大革命的產生。

改變傳統的政治制度，尤其對代議立憲相當排斥，所以對帶有民權憲政意味的《待訪錄》漸取批判態度。

清末立憲、革命兩派提到《待訪錄》時皆言節刊、節選，大概就是把《原君》、《原臣》、《原法》、《學校》等篇節出刊印成書。不過我們不能忽略一點：《待訪錄》中有許多篇章往往在我們意想不到的地方產生了影響。譬如晚清有一些政論家模仿《待訪錄》的篇章、主題寫政論文章（如鄭觀應）。譬如康有為（1858～1927）在戊戌時期提出的「毀廟興學」，其議論的來源即是《學校》篇中的話。

歷史理解，尤其是涉及價值判斷時，往往有一個參照的框架。每一位史學家的參照框架不一，有時來自其思想信仰，有時來自某一種傳統。以近代大史學家錢穆（1895～1990）為例，我覺得他的評判框架的一個重要支柱便是《明夷待訪錄》。《國史大綱》及《中國歷代政治得失》等書對歷史上稅制演變之評判、對建都問題、對中央與地方等問題的看法等，都受到《待訪錄》的影響。

清末兩種政治思想之實踐

一般都注意《待訪錄》在清末憲政革命風潮中的推動力，比較忽略當時反對派的言論。譬如朱一新（1846～1894）、李滋然兩人，他們的時代不同，且毫不相關，但是有些議論居然相當近似，顯示他們代表當時一般舊士大夫的想法。

這些舊士大夫顯然受到清代一種君權觀的影響。乾隆常說的「乾綱獨斷」，「萬機決於一人」，乾隆的《御批通鑑輯覽》連篇累牘地灌輸一種君權觀：即皇帝的意志凌駕於天下臣民之上，有時甚至高於儒家思想所認可的是非、善惡標準，而且認為牢守這一君權觀對天下臣民有益無損。當《待訪錄》大行之時，強烈加以反對的李滋然便不知不覺抱持這個觀點。

　　李氏是四川人，光緒十五年進士，他在宣統元年（1909）
出版了《明夷待訪錄糾謬》，對黃書中重要部分逐段反駁。
譬如「公」、「私」之分，李氏的論點與黃氏完全針鋒相對，

他說：「後世人君特患不能張我之大私為天下之公，視天下之大如己之產業耳」，又說：「而以治家之法治國，未有不治者也」（駁《原君》語）。李氏的意思是帝王如能真以天下為自己的私產，則必然會用盡心思去治理，則國家沒有不治的。這正好表現了與《待訪錄》截然相反的政治原理。

李氏為了反駁《待訪錄》，對孟子及上古史事做了許多新解釋，譬如反駁孟子的「聞誅一夫紂也」，說「誅」不是「殺」，「武王親為紂臣，斷不敢以獨夫名紂也」（駁《原君》語），他認為黃氏口口聲聲孟子，「至謂士之委質為臣，非以為君而專為萬民，非為一姓而兼為天下，則於聖人言君臣之義顯悖」（駁《原君》語）。他認為黃宗羲所要動搖的是絕對性的君臣關係，這正是儒家政治原理中最有永恆價值的部分，他說臣事君「如人載天，仁暴不易其人」，「而天下竟無一君，尚復成何世界？」（駁《原君》語）

天下如果沒有君王，「尚復成何世界」，李氏認為如果徹底實現與黃氏完全相反的政治原理，天下將有治而無亂。我們現代人讀到這些言論時，或許會覺得他的思想荒謬無稽，然而李滋然的議論正是當時廣大士大夫的代表，這是我們重溫這段歷史時所不能不注意的。　■

方祖猷提供

（上圖）孫中山贈日本友人南方熊楠《明夷待訪錄》中的《原君》、《原臣》篇，陳列於餘姚化安山黃宗羲墓前方新建龍虎草堂黃氏陳列室牆上。受《明夷待訪錄》思想影響的不只是清末立憲派，包含孫中山也曾印行黃宗羲的著作，用以宣傳反專制思想。（方祖猷）

【注解】

① 譬如他主張「方鎮」，認為如此一來，即使亡國了，仍可亡於同為漢族的軍閥之手，不致於異族之手。

② 司徒琳（Lynn. A. Struve）的《南明史》對桂王被殺前後的歷史研究甚詳。見其《南明史》（上海：上海古籍出版社，1992），第七章。

③ 全祖望：「萬西郭（承勛）為余言：徵君自壬寅前，魯陽之望未絕。天南訃至，始有潮息煙沉之嘆，飾巾待盡，是書於是乎出。」見全祖望，《鮚埼亭集外編》，收入《全祖望集彙校集注》（上海：上海古籍出版社，2000），卷三十一，《書明夷待訪錄後》，頁1390-1391。

④ 李源澄，《張蘺谷先生學術思想之特色——讀張蘺谷先生文集》，在《李源澄著作集》（台北：中央研究院中國文哲研究所，2008），頁1452-1423。

⑤ 溝口雄三，《公私》，井口靜譯，《在歷史的纏繞中解讀知識與思想：學術思想評論》第十輯（長春：吉林人民出版社，2003），頁570-571。

⑥ 顧炎武即説：「為民而立君，故班爵之意，天子與公侯伯子男一也，而非絕世之貴，代耕而賦之祿。故班祿之意，君卿大夫士與庶人在官一也，而非無事之食。是故知天子一位之義，則不敢肆於民上以自尊。知祿以代耕之義，則不敢厚取於民以自奉。不明乎此，而侮奪人之君常多於三代之下矣。」顧炎武，《日知錄集釋》（長沙：岳麓書社，1996），卷七，《周氏班爵錄》，頁257-258。

⑦ 談到天下不為個人私產私利，與《孟子師説》中《伊尹曰》章相近：「後世之視天下以為利之所在，故竄奪之心生焉」（《黃宗羲全集》冊一，頁156）；談到君臣之禮時與《孟子將朝王》章相近：「由是，天子而豢畜其臣下，人臣而自治以傭隸，其所行者皆宦官宮妾之事，君臣之禮幾於絕矣。」（《黃宗羲全集》冊一，頁72）又如談到稅制時與《二十而取一》章相近：「然當時田授於上，故税其十一而無愧。今以民所自買之田，必欲仿古之什一，已為不倫。且封建變為郡縣，苟處置得宜，以天下而養一人，所入不貲，則二十取一，何為不可！漢氏三十而税一，未見其不足也。」（《黃宗羲全集》冊一，頁146）參見黃宗羲，《孟子師説》，收入《黃宗羲全集》。台北：里仁書局，1987。以上材料承方祖猷教授見賜，附此誌謝。

⑧ 晚明人的文章中動輒要檢討國君與人民的關係（如程雲莊）。

⑨ 劉師培，《鮑生學術發微》，收入劉師培，《劉申叔先生遺書》（台北：華世出版社，1975），第三冊，總頁1766-1767。

⑩ 馮天瑜，《〈明夷待訪錄〉思想淵源考》，《武漢師範學院學報（哲學社會科學版）》，1983年第4期，頁42。

⑪ 故黃宗羲於《原法》中反覆説：「三代之法藏天下於天下者也……法愈疏而亂愈不作，所謂無法之法也。」「後世之法，藏天下於筐篋者也；……故其法不得不密，法愈密，而天下之亂即生於法之中。」《黃宗羲全集》第一冊，頁1。

⑫ 顧與沐，《顧端文公年譜》，收入《續修四庫全書》第五五三冊，卷二，頁16上，萬曆十四年九月。

⑬《湯子遺書》卷五《與黃太沖書》：「戊午入都，於葉訒庵處讀《待訪錄》，見先生經世實學」。惲敬《大雲山房文槀》中有《明夷説》兩篇，但所談與《待訪錄》並無直接關係。

⑭《續耆舊》卷百三十二，「諸韋布詩之一」詩前的題辭：「嘗與予讀《明夷

待訪錄》，曰：是經世之文也。然而猶有憾。夫箕子受武王之訪，不得已而應之耳。豈有艱貞蒙難之身，而存一待之見於胸中者？」全祖望輯，《續耆舊》，收於《續修四庫全書》第一六八三冊（上海：上海古籍出版社，1995-2002），頁1b。

⑮ 宮崎市定，《明夷待訪錄當作集》中舉了相當多《待訪錄》道光印本的錯誤，我推斷是由抄本轉成印本之流通。《東洋史研究》第二十四卷，第二號（昭和四十年九月三十日），頁85-88。

⑯ 吳光，《「〈明夷待訪錄〉是禁書」一說缺乏文獻證據》，《北京日報》理論週刊（2008年七月二十一日）。

⑰ 陳鴻森兄告訴我，李詳《媿生叢錄》卷三：「黃梨洲《思舊錄》繆藝風藏有迻抄戴子高校本。其中《明夷待訪錄》，『明夷』兩字作䷣象地火，以表其字，並避國初忌諱。」李詳，《李審言文集》（南京：江蘇古籍出版社1989），頁483。

⑱ 梁啟超，《清代學術概論》（台北：台灣中華書局，1980），頁32。

⑲ 還有許多先前觸犯忌諱之書重刊。關於這個問題，我有長篇的文稿討論，《中國史新論》「思想分冊」中《道、咸以降思想界的新現象——禁書復出及其意義》（未出版）。

⑳ 朱維錚，《在晚清思想界的黃宗羲》，《天津市公會發現幹部學院學報》第九卷第四期（2001年十二月），頁58。

治國者備忘

摘錄自《原君》、《原臣》、《原法》三篇

何季澄

自由插畫家。作品常見於雜誌、廣告，做過製片、唱片設計、商品開發，
在海邊畫了半年壁畫後，決定從此當個靠畫畫吃飯的傢伙。

題辭

等待明君

「大壯」之交，吾雖老矣，
如箕子之見訪，或庶幾焉！

有人者出，不以一己之利為利，而使天下受其利；
不以一己之害為害，而使天下釋其害。
此其人之勤勞，必千萬於天下之人。
夫以千萬倍之勤勞，而己又不享其利，
必非天下之人情所欲居也。

原君

以百姓福祉為己任

51

原君

操天下生殺的大權

後之為人君者不然，
以為天下利害之權皆出於我，
我以天下之利盡歸於己，
以天下之害盡歸於人，亦無不可。

古者以天下為主，
君為客，凡君之所畢世而經營者，
為天下也。

原君

以天下為主

原君

天下為一己的私利

視天下為莫大之產業，
傳之子孫，受享無窮。
漢高帝所謂「某業所就，
孰與仲多」者，
其逐利之情，
不覺溢之於辭矣。

屠毒天下之肝腦，離散天下之子女，
以博我一人之產業，曾不慘然，
曰：「我固為子孫創業也。」
其既得之也，敲剝天下之骨髓，離散天下之子女，
以奉我一人之淫樂，視為當然。

原君

獨夫的暴虐

原君

天下並非世襲

既以產業視之，人之欲得產業，誰不如我？
攝緘縢，固局鐍，一人之智力不能勝天下欲得之者之眾；
遠者數世，近者及身，其血肉之崩潰在其子孫矣！
昔人願「世世無生帝王家」；
而毅宗之語公主，亦曰：「若何為生我家！」

原君

天下並非世襲

原臣

分工治天下

緣夫天下之大，非一人之所能治，
而分治之以群工。

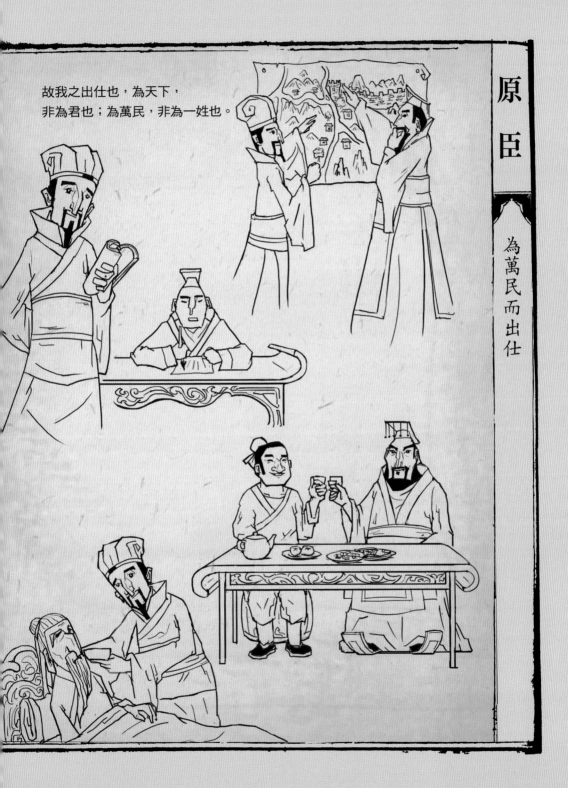

故我之出仕也，為天下，
非為君也；為萬民，非為一姓也。

原臣

為萬民而出仕

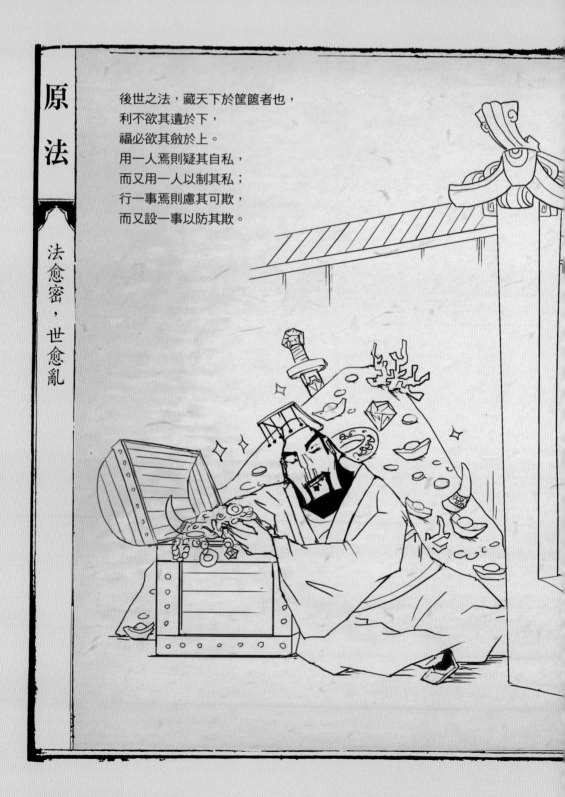

原法

法愈密，世愈亂

後世之法，藏天下於筐篋者也，
利不欲其遺於下，
福必欲其斂於上。
用一人焉則疑其自私，
而又用一人以制其私；
行一事焉則慮其可欺，
而又設一事以防其欺。

法愈密，世愈亂

原法

以一家之法治國

後之人主，既得天下，唯恐其祚命之不長也，
子孫之不能保有也，思患於未然以為之法。
然則其所謂法者，一家之法而非天下之法也。

原法

以三代之法治國

三代以上有法，三代以下無法。何以言之？
二帝、三王，知天下之不可無養也，為之授田以耕之；
知天下之不可無衣也，為之授地以桑麻之；
知天下不可無教也，為之學校以興之；
為之婚姻之禮以防其淫；為之卒乘之賦以防其亂。

原法

以三代之法治國

3.0

原典選讀

黃宗羲 原著

原君

有生之初，人各自私也，人各自利也；天下有公利而莫或興之，有公害而莫或除之。有人者出，不以一己之利為利，而使天下受其利；不以一己之害為害，而使天下釋其害；此其人之勤勞，必千萬於天下之人。夫以千萬倍之勤勞，而己又不享其利，必非天下之人情所欲居也。故古之人君，量而不欲入者，許由、務光是也；入而又去之者，堯、舜是也；初不欲入而不得去者，禹是也。豈古之人有所異哉？好逸惡勞，亦猶夫人之情也。

後之為人君者不然。以為天下利害之權皆出於我，我以天下之利盡歸於己，以天下之害盡歸於人，亦無不可。使天下之人不敢自私，不敢自利，以我之大私為天下之公。始而慚焉，久而安焉，視天下為莫大之產業，傳之子孫，受享無窮。漢高帝所謂「某業所就，孰與仲多」者，其逐利之情，不覺溢之於辭矣。此無他，古者以天下為主，君為客，凡君之所畢世而經營者，為天下也；今也以君為主，天下為客，凡天下之無地而得安寧者，為君也。是以其未得之也，屠毒天下之肝腦，離散天下之子女，以博我一人之產業，曾不慘然，曰：「我固為子孫創業也。」其既得之也，敲剝天下之骨髓，離散天下之子女，以奉我一人之淫樂，視為當然，曰：「此我產業之花息也。」然則為天下之大

害者，君而已矣！向使無君，人各得自私也，人各得自利也。嗚呼！豈設君之道固如是乎？

古者天下之人愛戴其君，比之如父，擬之如天，誠不為過也。今也天下之人怨惡其君，視之如寇讎，名之為獨夫，固其所也。而小儒規規焉以君臣之義無所逃於天地之間，至桀、紂之暴，猶謂湯、武不當誅之，而妄傳伯夷、叔齊無稽之事。乃兆人萬姓崩潰之血肉，曾不異夫腐鼠。豈天地之大，於兆人萬姓之中，獨私其一人一姓乎？是故武王，聖人也；孟子之言，聖人之言也。後世之君，欲以如父如天之空名，禁人之窺伺者，皆不便於其言，至廢孟子而不立，非導源於小儒乎？

雖然，使後之為君者，果能保此產業，傳之無窮，亦無怪乎其私之也。既以產業視之，人之欲得產業，誰不如我？攝緘縢，固扃鐍，一人之智力，不能勝天下欲得之者之眾。遠者數世，近者及身；其血肉之崩潰，在其子孫矣！昔人願世世無生帝王家，而毅宗之語公主，亦曰：「若何為生我家！」痛哉斯言！回思創業時，其欲得天下之心，有不廢然摧沮者乎？是故明乎為君之職分，則唐虞之世，人人能讓，許由、務光非絕塵也；不明乎為君之職分，則市井之間，人人可欲，許由、務光所以曠後

世而不聞也。然君之職分難明，以俄頃淫樂，不易無窮之悲，雖愚者亦明之矣！

原臣

　　有人焉，視於無形，聽於無聲，以事其君，可謂之臣乎？曰：否。殺其身以事其君，可謂之臣乎？曰：否。夫視於無形，聽於無聲，資於事父也；殺其身者，無私之極則也；而猶不足以當之，則臣道如何而後可？曰：緣夫天下之大，非一人之所能治，而分治之以群工。故我之出而仕也，為天下，非為君也；為萬民，非為一姓也。吾以天下萬民起見，非其道，即君以形聲強我，未之敢從也，況於無形無聲乎！非其道，即立身於其朝，未之敢許也，況於殺其身乎！不然，而以君之一身一姓起見，君有無形無聲之嗜慾，吾從而視之聽之，此宦官宮妾之心也。君為己死而為己亡，吾從而死之亡之，此其私暱者之事也。是乃臣、不臣之辨也。

　　世之為臣者昧於此義，以謂臣為君而設者也。君分吾以天下而後治之，君授吾以人民而後牧之，視天下人民，為人君橐中之私物。今以四方之勞擾，民生之憔悴，足以危吾君也，不得不講治之牧之之術。苟無係於社稷之存亡，則四方之勞擾，民生之憔悴，雖有誠臣，亦以為纖芥之疾也。夫古之為臣者，於此乎，於彼乎？

蓋天下之治亂，不在一姓之興亡，而在萬民之憂樂。是故桀、紂之亡，乃所以為治也；秦政、蒙古之興，乃所以為亂也；晉、宋、齊、梁之興亡，無與於治亂者也。為臣者，輕視斯民之水火，即能輔君而興，從君而亡，其於臣道固未嘗不背也。夫治天下猶曳大木然，前者唱邪，後者唱許。君與臣，共曳木之人也。若手不執紼，足不履地，曳木者唯娛笑於曳木者之前，從曳木者以為良，而曳木之職荒矣。

　　嗟乎！後世驕君自恣，不以天下萬民為事，其所求乎草野者，不過欲得奔走服役之人。乃使草野之應於上者，亦不出夫奔走服役；一時免於寒餓，遂感在上之知遇，不復計其禮之備與不備，躋之僕妾之間而以為當然。萬曆初，神宗之待張居正，其禮稍優，比於古之師傅未能百一，當時論者，駭然居正之受，無人臣禮。夫居正之罪，正坐不能以師傅自待，聽指使於僕妾，而責之反是，何也？是則耳目浸淫於流俗之所謂臣者以為鵠矣，又豈知臣之與君，名異而實同耶！

　　或曰：臣不與子並稱乎？曰：非也。父子一氣，子分父之身以為身。故孝子雖異身，而能日近其氣，久之無不通矣；不孝之子，分身而後，日遠日

疏，久之而氣不相似矣。君臣之名，從天下而有之者也。吾無天下之責，則吾在君為路人。出而仕於君也，不以天下為事，則君之僕妾也；以天下為事，則君之師友也。夫然，謂之臣，其名累變；夫父子固不可變者也。

原法

三代以上有法，三代以下無法。何以言之？二帝、三王，知天下之不可無養也，為之授田以耕之；知天下之不可無衣也，為之授地以桑麻之；知天下之不可無教也，為之學校以興之；為之婚姻之禮以防其淫；為之卒乘之賦以防其亂。此三代以上之法也，固未嘗為一己而立也。後之人主，既得天下，唯恐其祚命之不長也，子孫之不能保有也，思患於未然以為之法。然則其所謂法者，一家之法而非天下之法也。是故秦變封建而為郡縣，以郡縣得私於我也；漢建庶孽，以其可以藩屏於我也；宋解方鎮之權，以方鎮之不利於我也。此其法何曾有一毫為天下之心哉，而亦可謂之法乎？

三代之法，藏天下於天下者也。山澤之利，不必其盡取，刑賞之權，不疑其旁落；貴不在朝廷也，賤不在草莽也。在後世方議其法之疏，而天下之人，不見上之可欲，不見下之可惡，法愈疏而亂愈不作，所謂無法之法也。後世之法，藏天下於筐

篋者也。利不欲其遺於下，福必欲其斂於上；用一人焉，則疑其自私，而又用一人以制其私；行一事焉，則慮其可欺，而又設一事以防其欺。天下之人，共知其筐篋之所在，吾亦鰓鰓然日唯筐篋之是虞，故其法不得不密，法愈密而天下之亂，即生於法之中，所謂非法之法也。

論者謂：一代有一代之法，子孫以法祖為孝。夫非法之法，前王不勝其利欲之私以創之，後王或不勝其利欲之私以壞之；壞之者固足以害天下，其創之者亦未始非害天下者也。乃必欲周旋於此膠彼漆之中，以博憲章之餘名，此俗儒之勦說也。即論者謂天下之治亂，不繫於法之存亡。夫古今之變，至秦而一盡，至元而又一盡，經此二盡之後，古聖王之所惻隱愛人而經營者，蕩然無具；苟非為之遠思深覽，一一通變，以復井田、封建、學校、卒乘之舊，雖小小更革，生民之戚戚終無已時也。即論者謂有治人無治法，吾以謂有治法而後有治人。自非法之法桎梏天下人之手足，即有能治之人，終不勝其牽挽嫌疑之顧盼；有所設施，亦就其分之所得，安於苟簡，而不能有度外之功名。使先王之法而在，莫不有法外之意存乎其間。其人是也，則可以無不行之意；其人非也，亦不至深刻羅網，以害天下。故曰有治法而後有治人。

學校

學校，所以養士也。然古之聖王，其意不僅此也，必使治天下之具皆出於學校，而後設學校之意始備。非謂班朝、布令、養老、恤孤、訊馘，大師旅則會將士，大獄訟則期吏民，大祭祀則享始祖，行之自辟雍也。蓋使朝廷之上，閭閻之細，漸摩濡染，莫不有詩書寬大之氣；天子之所是未必是，天子之所非未必非，天子亦遂不敢自為非是，而公其非是於學校。是故養士為學校之一事，而學校不僅為養士而設也。

三代以下，天下之是非，一出於朝廷。天子榮之，則群趨以為是；天子辱之，則群擿以為非。簿書、期會、錢穀、戎獄，一切委之俗吏。時風眾勢之外，稍有人焉，便以為學校中無當於緩急之習氣。而其所謂學校者，科舉囂爭，富貴熏心，亦遂以朝廷之勢利，一變其本領；而士之有才能學術者，且往往自拔於草野之間，於學校初無與也，究竟養士一事亦失之矣。

於是學校變而為書院，有所非也，則朝廷必以為是而榮之；有所是也，則朝廷必以為非而辱之。偽學之禁，書院之毀，必欲以朝廷之權與之爭勝。其不仕者有刑，曰：「此率天下士大夫而背朝廷者也。」其始也，學校與朝廷無與；其繼也，朝廷與

學校相反；不特不能養士，且至於害士，猶然循其名而立之，何與？

東漢太學三萬人，危言深論，不隱豪強，公卿避其貶議；宋諸生伏闕搥鼓，請起李綱。三代遺風，惟此猶為相近。使當日之在朝廷者，以其所非是為非是，將見盜賊姦邪，懾心於正氣霜雪之下，君安而國可保也。乃論者目之為衰世之事，不知其所以亡者，收捕黨人，編管陳、歐，正坐破壞學校所致，而反咎學校之人乎！

嗟乎！天之生斯民也，以教養托之於君。授田之法廢，民買田而自養，猶賦稅以擾之；學校之法廢，民蚩蚩而失教，猶勢利以誘之。是亦不仁之甚，而以其空名躋之曰：「君父，君父」，則吾誰欺！

郡縣學官，毋得出自選除；郡縣公議，請名儒主之。自布衣以至宰相之謝事者，皆可當其任，不拘已仕未仕也。其人稍有干於清議，則諸生得共起而易之，曰：「是不可以為吾師也」。其下有五經師，兵法、曆算、醫、射各有師，皆聽學官自擇。凡邑之生童皆裹糧從學，離城煙火聚落之處士人眾多者，亦置經師。民間童子十人以上，則以諸生之老

而不仕者，充為蒙師。故郡邑無無師之士；而士之學行成者，非主六曹之事，則主分教之務，亦無不用之人。

學宮以外，凡在城在野寺觀庵堂，大者改為書院，經師領之；小者改為小學，蒙師領之；以分處諸生受業。其寺產即隸於學，以贍諸生之貧者。二氏之徒，分別其有學行者，歸之學宮，其餘則各還其業。

太學祭酒，推擇當世大儒，其重與宰相等，或宰相退處為之。每朔日，天子臨幸太學，宰相、六卿、諫議皆從之。祭酒南面講學，天子亦就弟子之列。政有缺失，祭酒直言無諱。

天子之子年至十五，則與大臣之子就學於太學，使知民之情偽，且使之稍習於勞苦。毋得閉置宮中，其所聞見，不出宦官宮妾之外，妄自崇大也。

郡縣朔望，大會一邑之縉紳士子。學官講學，郡縣官就弟子列，北面再拜，師弟子各以疑義相質難。其以簿書期會，不至者罰之。郡縣官政事缺失，小則糾繩，大則伐鼓號於眾。其或僻郡下縣，學官不得驟得名儒，而郡縣官之學行過之者，則朔

望之會，郡縣官南面講學可也。若郡縣官少年無實學，妄自壓老儒而上之者，則士子讙而退之。

擇名儒以提督學政；然學官不隸屬於提學，以其學行名輩相師友也。每三年，學官送其俊秀於提學而考之，補博士弟子；送博士弟子於提學而考之，以解禮部，更不別遣考試官。發榜所遺之士，有平日優於學行者，學官咨於提學補入之。其弟子之罷黜，學官以生平定之，而提學不與焉。

學曆者，能算氣朔，即補博士弟子；其精者同入解額，使禮部考之，官於欽天監。學醫者，送提學考之，補博士弟子，方許行術。歲終，稽其生死效否之數，書之於冊。分為三等：下等黜之；中等行術如故；上等解試禮部，入太醫院而官之。

凡鄉飲酒，合一郡一縣之縉紳士子。士人年七十以上，生平無玷清議者，庶民年八十以上，無過犯者，皆以齒南面，學官、郡縣官皆北面，憲老乞言。

凡鄉賢名宦祠，毋得以勢位及子弟為進退。功業氣節則考之國史，文章則稽之傳世，理學則定之言行。此外鄉曲之小譽，時文之聲名，講章之經學，

依附之事功，已經入祠者皆罷之。

凡郡邑書籍，不論行世藏家，博搜重購。每書鈔印三冊，一冊上祕府，一冊送太學，一冊存本學。時人文集，古文非有師法，語錄非有心得，奏議無裨實用，序事無補史學者，不許傳刻。其時文、小說、詞曲、應酬代筆，已刻者皆追板燒之。士子選場屋之文及私試義策，蠱惑坊市者，弟子員黜革，見任官落職，致仕官奪告身。

民間吉凶，一依《朱子家禮》行事。庶民未必通譜，其喪服之制度，木主之尺寸，衣冠之式，宮室之制，在市肆工藝者，學官定而付之。離城聚落，蒙師相其禮以革習俗。

凡一邑之名蹟及先賢陵墓祠宇，其修飾表章，皆學官之事。淫祠通行拆毀，但留土穀，設主祀之。故入其境，有違禮之祀，有非法之服，市懸無益之物，土留未掩之喪，優歌在耳，鄙語滿街，則學官之職不修也。

這本書的譜系：清代君主論相關書籍
Related Reading

文：姚育松

《潛書》

作者：唐甄

《潛書》由唐甄（1630～1704）所著，原名《衡書》，共九十七篇，據傳「每一篇出，人爭傳寫」。唐甄對皇權的批判，比起黃宗羲更為激烈，他指出「自秦以來，凡為帝王者皆賊也」，皇帝並非天命所歸，只因暴力奪取天下，深刻地揭露了種種皇帝是如何剝削百姓的方法。然而，唐甄並未如同黃宗羲提出具體的政治改革建議，因此表現出宿命論的意味，他既認為需要皇帝來嚴厲治官以惠民，但又認為皇帝之殘暴乃勢所難免，因此只好寄託於由治到亂的歷史循環規律，期待聖君的出現。

《郡縣論》

作者：顧炎武

《郡縣論》共有九篇，是顧炎武於1645年所作，書中總結了兩千年的郡縣制之缺點在於「其專在上」，導致地方沒有資源服務百姓，由此他提出「寓封建之意於郡縣之中」的政治改革，主張要讓縣令能夠世襲，因為人自私是常情，世襲能讓縣令「私其百里之地」，則縣令自然會好好發展地方。顧氏主張縣令用本地人，郡守則迴避，亦主張地方財政超出一定額度才上繳中央。

《黃書》

作者：王夫之

《黃書》是王夫之於1656年寫成的著作，共有七篇，在清末民初時被當成中國「民族主義」的起源，因為書中超越了朝代更替的觀念，認為即便夷狄入主中國學習儒家文化，也不具有正當性，因為夷狄所處之地的「氣」與中原不一樣，這種思想在「革命排滿」的時代氛圍下受到極度重視。而王夫之認為中國之所以滅亡於夷狄，是因為皇權以天下為一姓的自私，猜疑士人，導致行政效率低下。因此他強調「不以一人疑天下，不以天下私一人」的政治思想，並提出一系列的政治制度改革，包括地方長官應擁有專斷的權力、廢除「職分官以領之，連銜以轄之」的人事相制制度等等。最後他提出王者須能保護族類，方可講仁義。

《破邪論》

作者：黃宗羲

《明夷待訪錄》完成後三十年，黃宗羲再作《破邪論》一卷，收錄九篇文章，其中《賦稅》和《科舉》兩篇是對《明》書的補充，想要提出一個暫時可行的改革方案。在《明》書中，黃宗羲主張恢復井田，但這需要將民田奪為公田，黃宗羲認為這過於殘忍。在此書中他認為可折衷處理，即以一戶之田當一井，從此限制土地買賣；黃宗羲認為有明之科舉造成士人不讀他書，因此不知政事，故主張科舉應分三場，分別為經義、論文表判、五道策論，每場淘汰若干人，行之有年，則採用朱熹學校須教經史的建議，由此方能培養人才。

《存治篇》

作者：顏元

《存治篇》是清朝「顏李學派」創始人顏元（1635～1704）的著作。顏元主張實學，故此亦關注政治制度，不過其影響最大者，是其「學以致用」的教育思想，他所主持的「漳南書院」，教授天文、工藝、經濟等內容，開中國新式教育之先聲。顏元的政治改革建議，集中反映在《存治篇》，主張恢復三代的井田、封建、學校制度，亦是站在批判皇帝集權之角度，認為不行封建是讓「人主亦樂其自私天下也」，結果導致無強藩能救國，認為君主創業時與功臣同生死，創業後應分封天下，並批判科舉造成士人具有賣身求榮的心態，理應廢除，並恢復鄉舉里選。

延伸的書、音樂、影像
Books, Audios & Videos

《新譯明夷待訪錄》
作者：李廣柏 注譯 李振興 校閱　出版社：三民書局，1995年

《明夷待訪錄》，全書共二十一篇，始自「原君」，終於「奄宦」，構成一完整思想架構，論述「以天下為主，君為客」的思想。本書針對原文加以注釋翻譯，以淺近的文字說明其思想，並附有「導讀」，讓讀者在進入文本前能更明確掌握每章要旨。

《明儒學案》
作者：黃宗羲　出版社：世界書局，2009年

本書為黃宗羲所編，他區分明儒二百多人的學術思想流派為《崇仁學案》、《白沙學案》、《東林學案》……等十八學案。並且分別針對每個學案說明要旨，蒐集各學者語錄和代表著作，為研究明代學術的重要作品。

《黃梨州王船山書》
作者：黃宗羲、王夫之　出版社：世界書局，2009年

本書輯錄《明夷待訪錄》、王夫之《思問錄》等書。分別根據梨州遺著彙刊本、同治間湘鄉曾氏金陵節署刊船山遺書六十三種等版本，進行校閱標點，可一覽明末清初的思想家及其理念。

《黃宗羲年譜》
作者：黃炳垕　出版社：中華書局，1993年

本書作者為清代學者，為黃宗羲的七世孫。本書除了輯錄黃宗羲年譜，另附有其世系圖與生平事略，可供讀者清楚理解黃宗羲生平事蹟與概況。

《黃宗羲全集》(共十二冊)
作者：沈善洪 主編　出版社：中國浙江古籍，2005年

《黃宗羲全集》全面蒐錄所有黃宗羲的著作，除了附有作者本人撰著的《黃宗羲遺著考》，另附上眾多學者對於黃宗羲生平的考究資料，並且編錄《全集人名索引》，便於讀者研究黃宗羲著作中所提及的人物，是為研究黃宗羲思想演變的重要檢索資源。

《黃宗羲心學的定位》

作者：劉述先　出版社：允晨文化，1986年

作者專治宋明儒學，曾於1962年參與過以李敖、徐復觀為首的「中西文化論戰」，著有《中國哲學與現代化》、《文化與哲學的探索》等書。他在書中仔細分析黃宗羲的思想傳承，並指出其在心學上的定位，從思想史的觀點評價黃宗羲的民主思想。

《黃宗羲與清代浙東學派》

作者：吳光　出版社：中國人民大學，2009年

本書著重黃宗羲在哲學、政治、史學等思想方面的理論創新，肯定了黃宗羲作為中國早期民主啟蒙的地位，並且深入探討黃宗羲所開創的浙東學派，強調其思想變遷的影響與作用，重新評價定位浙東史學派。

《大明王朝1566——嘉靖與海瑞》

片　長：四十六集　　編　劇：劉和平　　總導演：張　黎

主要演員：陳寶國、倪大宏、郭廣平、徐光明、黃志忠

長久以來被扣上奸臣罵名的嚴嵩，在劇中被描寫為嘉靖皇帝的替罪羔羊，表面上朝廷許多擾民傷民的政策出自嚴家父子，但背後卻是為了迎合嘉靖而已。當正義凜然的海瑞發現時，他勇敢地將矛頭直指嘉靖。嘉靖則感嘆他所面對的政治現實，不能完全遵照嚴格的道德倫理，為了整體秩序而犧牲部分人的利益無可避免。不管是皇帝或士人，在劇中皆掙扎於倫理與現實的拉鋸裏。透過此劇，也能夠了解《明夷待訪錄》中黃宗羲以學校來制衡朝廷的意圖了：士人需要脫離官員的身分來維持住道德的尊嚴。

經典3.0
ClassicsNow.net

何以三代以下有亂無治 明夷待訪錄

原著：黃宗羲
導讀：王汎森
2.0繪圖：何季澄

策畫：郝明義
主編：冼懿穎
美術設計：張士勇
編輯：張瑜珊
圖片編輯：陳怡慈
美術：倪孟慧 戴妙容
邊欄短文寫作：姚育松
校對：呂佳真

感謝北京故宮博物院對本書之圖片內容提供特別支持與協助

企畫：網路與書股份有限公司
出版者：大塊文化出版股份有限公司
台北市10550南京東路四段25號11樓
www.locuspublishing.com
讀者服務專線：0800-006689
TEL：886-2-87123898　　FAX：886-2-87123897
郵撥帳號：18955675
戶名：大塊文化出版股份有限公司
法律顧問：全理法律事務所董安丹律師
版權所有　翻印必究

總經銷：大和書報圖書股份有限公司
地址：新北市新莊區五工五路2號
TEL：886-2-8990-2588
FAX：886-2-2290-1658
製版：瑞豐實業股份有限公司
初版一刷：2011年2月
定價：新台幣220元
Printed in Taiwan

何以三代以下有亂無治：明夷待訪錄 ／ 黃宗
羲原著；王汎森導讀；何季澄繪圖. -- 初版.
-- 臺北市：大塊文化, 2011.02
　面；　公分. --（經典 3.0）
　ISBN　978-986-213-232-6（平裝）

1.（清）黃宗羲 2. 學術思想 3. 中國政治思想

127.11　　　　　　　　　　　　99026252